하루가 툭, 말을 걸었다

이해일 에세이

하루가 툭,
말을 걸었다

짧아서 다행이고, 그래서 오래 남는 작은 기록들

좋은땅

오늘의 무게를 잠시 내려놓고,
따뜻한 하루 한 장을 건네어요.
스쳐 간 하루들이 다정한 기억이 되길 바라며.

✍️ 한마디 전하고 싶은 마음이 있다면…

_____님께

_____드림

작가의 글

삶의 많은 순간은 거대한 사건보다 '아무 일 없이 지나가는 날들'로 채
워집니다. 소소한 대화, 익숙한 출근길, 사랑하는 이들과 나누는 따뜻한
눈빛 속에서 우리는 기쁨과 슬픔을 배우고, 이별을 견디며, 사랑을 마음
에 담은 채 천천히 어른이 되어갑니다. 이 글들은 그런 '사소하지만 본
질적인 감정의 조각들'을 흘려보내지 않기 위해 써 내려간 기록입니다.

특별할 것 없는 일상 속에서도 의미를 찾아가는 과정, 완벽하지 않아
도 괜찮다고 스스로를 다독이던 순간들, 그리고 나이 들어가며 조금씩
넓어지는 마음의 여유까지. 여전히 서툴고, 자주 흔들리며, 쉽게 지치
고, 누군가를 온전히 이해하는 데에도 미숙하지만, 마음 한편에 조용히
머무는 감정들을 글로 옮겨, 같은 시간을 살아가는 누군가와 나누고 싶
었습니다.

책 속의 이야기들은 제가 30대부터 10년 넘게, 특별한 주제 없이 떠오
른 단상과 회상, 깨달음과 위로, 후회와 변화의 순간들을 담은 시와 산
문입니다. 그만큼 시대적 배경이나 표현의 결이 지금과는 조금 다를 수
도 있고, 개인적인 기억에 기대어 쓴 글이라 읽는 분들마다 다르게 받아
들이실지도 모르겠습니다. 또한 시간이 흐르며 저 역시 생각과 마음의
결이 달라졌기에, 예전의 기록과 지금의 나 사이엔 간극이 있을 수 있습
니다. 그럼에도 불구하고 저는 그 시절의 마음을 솔직하고 담담하게 붙

잡아 두고자 했습니다. 그 마음으로, 이 글들이 누군가의 시간 속에도 조용히 머물 수 있기를 조심스레 바라봅니다.

　그리고 사실 저에게는 글과 함께 마음을 전하는 또 다른 언어가 있습니다. 바로 음악입니다. 이 책을 써 내려가던 시간 동안, 저는 같은 마음을 피아노 건반 위에도 담아 왔습니다. 글로는 채 다 담을 수 없는 감정들을 선율에 실어 조용히 흘려보내며, 누군가에게는 위로가, 또 다른 누군가에게는 공감이 되기를 바라며 곡을 만들어 왔습니다. 그렇게 태어난 음악들 중 몇 곡은, 이 책의 일부 글에 작은 영감을 건네기도 했습니다. 그런 글 아래에는, 해당 곡을 들을 수 있는 QR 코드를 함께 실었습니다. 혹시 마음에 닿은 문장이 있다면, 그 울림을 음악으로도 이어 들어 주시면 좋겠습니다. 그리고 만약 마음이 이끈다면, 더 많은 선율로 이어지는 아래의 이야기들에도 함께해 주시면 더할 나위 없겠습니다.

　이해일 1st Album - Reverse
　이해일 2nd Album - Voyage to the island
　이해일 3rd Album - Moment
　이해일 4th Album - Illusion
　이해일 5th Album - Where the light stayed

소소한 목록

1장. 일상의 발견들

커피 한 잔, 퇴근길 바람, 우연히 들은 노래 한 곡. 소소한 것들이 만드는 하루의 온기를 기록해 본다.

한 잔의 이유

술이 마시고 싶다는 건,
단지 술이 당긴다는 말이 아니야.

누군가와 마주 앉아
잠시 마음을 기대고 싶은 시간에 대한 바람.

고단했던 하루 끝자락에서
잊고 싶은 기억들을 털어 내고 싶은 마음.

무뎌진 감정의 끝에서
나, 아직 살아 있다고 느끼고 싶은 순간.

그리고 문득,
아무 걱정 없던 시절로 돌아가고 싶은 그리움.

술잔을 기울이고 싶다는 건,
그 술 너머에 있는 사람, 온기,
그리고 잊고 지낸 나 자신을 만나고 싶다는 것.

밤공기

늦은 여름밤, 시원한 바람이 코끝을 스친다. 문득, 익숙하면서도 낯선 이 밤공기에 마음이 머문다.

고등학생 시절, 자정이 가까운 시각까지 독서실에서 공부하다 지친 몸을 이끌고 집으로 향할 때 맡았던 그 공기. 잔잔하지만 나를 감싸던 냄새였다.

늦은 시간 술자리를 마치고 취한 몸으로 비틀거리며 거리를 걷던 밤, 그때도 어김없이 불어오던 바람 속에 묻어 있던 밤공기. 어렴풋이 기억나는 친구들과 동료들의 웃음소리, 가벼운 발걸음 위로 내려앉던 감정들.

데이트 이후 집에 돌아오는 길, 두근거리는 가슴을 진정시키려 애쓰던 그 순간에도 밤공기는 조용히 곁을 지키고 있었다.

늦은 시각, 야근을 마치고 피곤한 몸으로 퇴근할 때도 그 바람은 늘 나를 기다리고 있었던 듯 반겨 주었다. 무겁던 마음이 그 한 줌의 바람에 조금은 가벼워졌던 기억.

밤공기에는 수많은 기억과 감정, 지나온 시간들이 얽혀 있다. 그저 스쳐 지나가는 바람이 아닌, 내 삶의 조각들이 조용히 숨 쉬고 있는 공간이다.

여러 추억이 한 번에 밀려든다. 그리움과 함께 아련함이 더욱 짙어진다. 지나간 순간들이 바람을 타고 다시 내 곁에 머무는 듯하다.

Where the Light Stayed

사랑이 지나간 자리엔
의외로 아픔보다 따뜻함이 더 오래 남습니다.
그 따스함은 아주 오래전,
함께 웃던 어느 날의 햇살일 수도 있고,
마지막 인사를 삼키며 바라보던
그 조용한 눈빛일 수도 있겠지요.

우리는 그 사람을 떠올리며
때때로 아프고, 그립고,
한편으론 고맙게 느껴집니다.
왜냐하면 그 기억은 끝이 아니라
내 마음 어딘가에 빛처럼 남아
지금도 조용히 살아 있기 때문입니다.

완전히 사라지지 않고,
그렇다고 계속 머무르지도 않지만
그 따뜻함은 잊히지 않습니다.
그건 말하자면,
한때 누군가의 마음이
내게 스쳐 지나가며
잠시 머물렀던 자리이기 때문입니다.

그리고 우리는 그 빛이 머물렀던 자리에서
여전히 아주 작은 온기를 느끼며 살아갑니다.

마치 잊힌 기억의 잔상처럼,
어느 순간 문득 스며드는 햇살처럼.

마지막 인사

고향에서 이사 나오기 전, 우리 집 바로 옆에는 선배 누나가 살고 있었다. 대학생 때는 술자리를 함께한 적도 있고, 또래 선후배들끼리 단체로 놀러 간 기억도 있다. 그런, 편하게 지냈던 '동네 누나'였다. 그 집에서 10년 넘게 살면서 복도, 엘리베이터, 마트 등 자주 마주쳤지만, 어찌 보면 성인 남녀라 그랬는지 개인적으로 연락을 주고받거나 따로 만난 적은 없었다. 학교 직속 선배도 아니었고, 이미 결혼까지 한 누나를 굳이 따로 만날 일은 없었던 것이다.

그러다 우리 집 이사가 정해졌고, 이사 며칠 전, 누나를 마트 앞에서 마주쳤다.

"이제 곧 가는구나. 잘 살고! 가끔 여기 놀러 오면 연락해~"

누나의 인사에 "네, 알겠어요." 하고 웃으며 대답했지만, 난 어쩐지 그게 마지막 인사일 거란 걸 알고 있었다.

고등학교를 졸업하면서, 군대에서 제대하면서, 그리고 직장을 옮기면서 나는 참 많은 사람들과 작별 인사를 나눴다.

"나중에 꼭 한번 보자!"

"언제 밥 한번 먹자!"

"경조사 생기면 연락 주세요~"

그때는 진심이었다. 언젠가는 다시 만날 거라 막연히 믿었다. 그런데 시간이 지나 보니 그때의 마지막 인사가 정말 마지막이었던 경우가 더 많았다. 마음이 식어서가 아니라, 그냥 자연스럽게 멀어지는 것이다. 사진 속에 남아 있거나, 기억 저편 어딘가에 어렴풋이 남아 있는 사람들.

그래서 이제는 안다. 진짜 마지막 인사란 따로 있는 게 아니라는 걸. 그저 평범했던 어느 날의 "안녕"이 언젠가 추억 속에서 마지막 인사가 되어 조용히 빛나게 된다는 걸. 그렇기에 나는 요즘, 이직을 하거나 오래된 인연을 우연히 다시 마주칠 때, 일상의 인사를 조금 더 마음 담아 건네려 한다. 언젠가 그것이 누군가의 기억 속 마지막 인사가 될지도 모르니까.

언젠가는

가수 이상은의 노래 〈언젠가는〉 첫 소절에는 이런 가사가 흐른다. "젊은 날엔 젊음을 모르고, 사랑할 땐 사랑이 보이지 않았네. 하지만 이제 뒤돌아보니, 우린 젊고 서로 사랑을 했구나."

돌아보면 추억과 낭만은 언제나 시간이 한참 흐른 뒤에야 모습을 드러낸다. 그 시절에는 그저 스쳐 지나갔던 일상이, 세월이 쌓이고 나서야 비로소 눈부신 장면으로 다가오는 것 같다.

지금 내게 가장 그리운 시절을 꼽으라면, 아마 군 제대 직후의 일상일 것이다. 먼 곳에서의 대학 생활을 끝내고, 군 복무를 마친 뒤 되찾은 자유. 같은 단지 아파트에 살며 거의 매일 왕래하던 가족들. 매주 만나던 고향 친구들, 그리고 재미있던 직장 생활.

그 모든 것은 지금 생각하면 선물 같은 시간이었지만, 당시의 나는 그 가치를 알지 못했다. 너무 당연히 곁에 있다고 여겼기에, 늘 그 너머의 더 크고 특별한 무언가를 바라보고 있었다.

30대의 나 역시 웃는 날이 많았다. 시간이 흘러 되돌아보면, 그때의 웃음과 눈물, 평범한 하루들 모두가 내 삶을 지탱해 준 귀한 순간들이었다.

그렇다면 현재 이 시절은 훗날의 나에게 어떤 모습으로 남아 있을까. "힘들었지만 일이 있고, 직장에 다니던 때가 참 좋았지."

하루가 툭, 말을 걸었다

"명절이나 때가 되면 가족과 친지들이 모여 북적이던, 그때는 다소 번거롭다 여겼던 그 시끌벅적함이 참 좋았지."

"특별히 아픈 데 없이 건강했던 그 시절이 좋았지."

"친구들 모두 건강해서 함께 가볍게 술잔을 기울일 수 있던 때가 좋았지."

그렇게, 오늘의 이 나날들도 언젠가는 그리움이 되어 내 마음을 적시고 있지는 않을까? 그리움은 언제나 지나간 날의 다른 이름일 뿐이니까.

Moment

늦은 아침, 출근 준비로 정신없이 움직인다. 오늘은 또 왜 늦게 일어 났는지. 아침도 거른 채 허겁지겁 문을 나섰다. 신발을 구겨 신은 채 엘 리베이터까지 달려간다. 그런데 엘리베이터는 마치 아침 인사라도 하 듯 내 층을 슬쩍 스치고는 그대로 내려가 버린다.

'아, 진짜.'

2~3분쯤 더 기다려 엘리베이터에 올라탔다. 문이 닫히려는 찰나, 어 디선가 절박한 외침이 들려온다.
"잠깐만요!"

그 순간, 양심과 이기심이 찰나에 줄다리기를 시작한다.
'지금 바쁘잖아. 닫힘 버튼 누르고 서둘러 내려가.'
'에이, 열어 주자. 겨우 10초인데.'

솔직히 늦은 시간에 10초 일찍 출발했다고 꼭 정시에 도착하란 법은 없다. 하지만 문득 이런 생각이 든다. 그 10초가 단지 작은 배려만은 아 닐 수도 있다는 것.

10초 늦게 나서지 않았다면, 바로 앞에서 벌어진 교통사고가 내 차례 가 되었을지도 모르고, 회사 근처에서 우연히 마주친 인연도, 10초 먼저 지나갔다면 그냥 스쳐 지나갔을 수도 있다. 물론 반대로 10초 일찍 출

하루가 톡, 말을 걸었다

발해서 사고를 피하고 운명의 사람을 만났을 수도 있겠지.

그리고 보면 우리가 하루에도 수십 번씩 스쳐 지나가는 선택들, 그 작은 10초의 순간들이 어쩌면 생각보다 많은 것을 바꾸고 있는지도 모른다. 그것이 운명이든 우연이든.

처음 느낌대로

비슷한 물건을 파는 시장이나 마트에 가면 나는 이상하게 입구 쪽 매장보다는 중간쯤, 혹은 안쪽에 있는 가게에서 물건을 고르는 편이다. 입구에 있는 물건이 괜찮아 보여도 '좀 더 들어가면 나은 게 있겠지' 하는 기대가 생기기 때문이다.

놀러 갔을 때도 비슷하다. 여행 초반, 멋진 풍경이 눈앞에 펼쳐져도 '조금만 더 가면 지금보다 나은 곳이 나오겠지' 싶어 사진 한 장 남기지 않고 지나칠 때가 많다.

하지만 이상하게도 여행이 끝날 무렵 돌아보면, 처음 마주했던 그 풍경이 가장 인상적이었던 경우가 많다. 그때로 다시 돌아가려니 이미 늦었고, 굳이 돌아가 봐야 비슷할 거라며 지금의 선택에 스스로를 설득하게 된다. 문제는 그렇게 지나쳐 버린 그 첫 장면이, 자꾸 마음속에 잔상처럼 남는다는 것이다.

생각해 보면, 처음이라는 건 대개 준비 없이 다가온다. 예상치 못한 순간에 문득 끌리는 건 그만큼 솔직하고, 계산되지 않은 마음의 반응이다. 하지만 우리는 종종 그 느낌을 가볍게 흘려보낸다. 더 나은 게 있을 거라는 기대, 아직은 서두를 필요 없다는 핑계. 그러다 시간이 지나 다시 그 순간을 떠올리면, 이미 놓쳐 버린 뒤다.

사람과의 관계도 그렇다. 처음 만났을 때 묘하게 마음이 끌리는 사람

하루가 툭, 말을 걸었다

이 있다. 말투나 눈빛, 어쩌면 설명할 수 없는 기운 같은 것들. 하지만 '천천히 알아보지, 아직은 이르지' 하며 스스로 속도를 늦추다 보면 어느새 그 사람은 멀리 가 버리고, 나는 뒤늦게 '그때 조금 더 다가갔더라면' 하고 아쉬워한다.

기회 또한 새로운 일, 해보고 싶은 도전 앞에서 더 많은 확신과 조건을 찾지만 인생의 많은 순간들은 완벽한 조건에서 시작되지 않는다. 오히려 불완전한 상태에서 첫 마음을 믿고 내딛었을 때 더 큰 이야기가 만들어지기도 한다.

돌아보면, '처음 느낌대로' 움직였을 때 후회가 덜 되었던 것 같다. 처음부터 완벽하진 않았어도, 최소한 내 마음이 거짓 없이 반응한 순간이었으니까. 머리로 계산한 선택보다 가슴이 먼저 반응한 순간들이, 결국 가장 나다운 선택이 아닐까.

One more time

가끔은 한 번의 시도로 모든 것이 결정된다고 믿을 때가 있다. 그 한 번이 뜻대로 되지 않으면, '아, 이건 안 되는 일이구나' 하고 쉽게 접어 버리기도 한다. 하지만 곰곰이 돌아보면, 같은 일을 한 번 더 시도했을 때 의외로 풀리는 경우가 적지 않다.

예를 들어, 바지를 늘리려 세탁소에 갔더니 어렵다고 했다. 그런데 혹시나 하는 마음에 다른 세탁소에 들렀더니 "가능합니다."라는 대답이 돌아왔다. 뜻밖이었다.

한번은 친구와 함께 술집에서 치즈불닭을 먹다가 "치즈만 따로 주문할 수 있을까?" 하는 이야기가 나왔다. 안 될 거라 생각하면서도 가볍게 물어봤더니, 놀랍게도 가능했다.

직장에서도 비슷한 경험이 있다. 상사의 지시가 비효율적으로 느껴져 조심스레 다른 방안을 제안했는데, 의외로 "그래, 그게 낫겠네."라는 답이 돌아왔다.

값을 조금 깎아 본다거나, 망설이다 친구에게 부탁을 건네 본다거나, 용기 내어 마음을 표현해 보는 일들처럼… 별것 아닌 듯한 시도들이 오히려 삶의 작은 변화를 만들어 내곤 한다. 그런 순간들이 쌓이면, 그것만으로도 꽤 의미 있는 결이 된다.

하루가 툭, 말을 걸었다

그럼에도 시도하지 못하는 이유는 아마도 용기가 부족해서거나, 귀찮아서거나, 혹은 스스로 '어차피 안 될 거야' 하고 단정하기 때문일 것이다.

물론 모든 시도가 성공으로 이어지는 것은 아니다. 그러나 한 번 더 해 봤다는 사실이 종종 결과보다 더 큰 위안을 주기도 한다. 하지 못해 후회하는 것보다, 해 보고 웃는 쪽이 낫지 않을까. 그 '한 번'이, 생각보다 큰 차이를 만들어 내는 법이니까.

첫 경험

연말.
하루하루 바쁘게 살아 냈고, 몸은 제법 지쳐 있었다.

누군가와 술 한잔하고 싶었지만,
상대의 이야기를 들어 줄 여유도 없었고
내 상황을 길게 설명할 기운도 없었다.

술집에서의 혼술.
TV에서나 보던 장면.
용기가 나지 않아 망설였지만,
그래도 오늘은… 한 번쯤 해 보기로 했다.

안주를 시키고,
이어폰을 끼우고,
조용히, 천천히, 한 모금씩.

집에서 마시는 혼술과는 조금 달랐다.
뭔가… 도시 사람 같달까.
괜히 현대인 된 기분?

술기운이 살짝 돌 즈음,
그동안 마음에 걸렸던 사람들,

연락이 뜸해졌던 친구들에게 문자를 보냈다.

예전엔 이런 얘기는
직접 만나거나,
최소한 전화는 해야 한다고 생각했는데,
문자는 오히려,
말 사이에 숨 쉴 틈을 줬다.

조금 더 천천히,
생각을 정리하며 진심을 전할 수 있었다.

내 앞에는 아무도 앉아 있지 않았지만,
서너 사람과 조용히,
의미 있는 술자리를 나눈 듯한 기분.

나의 첫 혼술.
생각보다
조용하고, 따뜻했다.

우선순위

이삿짐을 정리한다.
새로 옮겨 갈 집엔 수납공간이 적어,
많이 비워 내야 한다.

버리고, 정리하고.
버리고, 또 정리하고.

그런데 이상하게도
손끝이 머뭇거리는 것들이 있다.

사진, 일기, 오래된 연락처, 메모장,
신지 않지만 버리지 못한 운동화, 책, 문제집 같은 것들.
가끔 마음이 옛 시절을 향할 때
조용히 꺼내어 보게 되는 것들이라서.

이사를 마친 뒤에도
정리는 끝나지 않는다.

이불, 그릇, 생활 집기, 옷가지들…
하나하나, 다 이유가 있어 곁에 있었던 것들.
어떤 건 추억이고,
어떤 건 익숙함이다.

하루가 톡, 말을 걸었다

여러 번 고민하고, 망설이고,
그러다 결국 비워 낸다.
공간을 생각하며
차근차근.

먼저 손에서 놓이는 것들이 있고,
끝까지 손에 남아 망설이게 되는 것들이 있다.

마음속 저울이 기우는 순간을 느낀다.
추억에도 버려지는 우선순위가 있구나.

변온 동물

직장 가면 하루 종일 커피 한 잔 마실 틈도 없이 쉴 새 없이 일하는 것도 나고, 가끔은 별일 없으면서도 괜히 키보드 두드리며 바쁘게 일하는 척하는 것도 나야.

회의 자리에서는 침착하게 방향을 잡아주는 의젓해 보이는 사람도 나고, 안주 메뉴 고를 땐 먹고 싶은 거 고르려고 괜히 떼쓰듯 우기며 유치해지는 것도 나야.

술 마시면 텐션 올라가서 처음 본 사람과도 웃고 떠드는 사람도 나고, 술 깨면 다시 예의 차리며 말수 줄어 차분해지는 것도 나 맞아.

어떤 사람은 내가 잘 웃고 배려심 깊어 보인다고 하고, 또 어떤 사람은 차갑고 쉽게 다가서기 힘든 사람 같다고 하더라.

예전에 가졌던 가치관이라고 해서 평생 붙들고 있을 이유는 없고, 새로운 성향이 생겼다고 해서 내가 나 아닌 것도 아니잖아. 그러니까 뭐… 나는 그냥 좀 '사회적 변온동물' 같은 거지. 상황에 따라 말투도, 성격도, 에너지 레벨도 슬쩍슬쩍 바뀌는 타입.

환경 따라 바뀌는 건 버그가 아니라 기능입니다. :)

하루가 톡, 말을 걸었다

지인

　가끔 뉴스에서 들려오는 연예인의 사망 소식. 내가 즐겨 듣던 노래, 자주 보던 드라마, 영화 속 반짝이던 그 모습들은 어쩌면 무대 위에서 만들어진 이미지였을지도 모르지만 그들은 분명, 나에게 기쁨이었고 위로였고 어느 계절의 추억이었다.

　직접 알지 못하는 사람인데도 유난히 마음이 아린 건, 오랜 시간 화면 너머에서 함께 웃고 울던 기억들이 내 안에 조용히 쌓여 있었기 때문일까. 지인의 부모님 부고에는 상주를 위로하며 마음을 전하지만 연예인의 소식엔 마치 오래 알고 지낸 누군가를 잃은 듯 내 마음이 먼저 상을 치른다.

　일상에 묻혀 잊고 살다가도, 우연히 채널을 돌리다 그들이 나왔던 드라마나 영화를 다시 보거나 한때 즐겨 듣던 노래가 흘러나오면 괜히 마음 한 켠이 먹먹해지고, 그리움이 스며든다. 마치 오래된 사진 속 돌아가신 할머니를 마주한 순간처럼.

　잊은 줄 알았던 그리움이 조용히 내 마음에 내려앉는다. 아마 그들은 화면 속 인물이기 전에 내 마음속 '지인'이었는지도 모른다.

시간과 계절의 온도

조퇴를 하고 거리에 나선다. 평일 낮 시간이라 그런지 거리는 한산하고, 공기엔 여유가 묻어난다. 분명 같은 오후 2시, 같은 거리를 걷고 있어도 평일과 주말은 어딘가 다르게 느껴진다. 차량의 많고 적음이나, 소음의 크기만이 문제가 아닌 듯하다. 주말의 거리에는 어딘지 모르게 들뜬 기운이 감돈다. 그건 아마도 주말을 맞이한 사람들의 즐거운 마음이 풍경 곳곳에 스며들어 있기 때문일까?

4월의 어느 날, 오후 1시. 기온 18도.
10월의 어느 날, 같은 시간. 기온 역시 18도.

같은 온도, 비슷한 바람. 그런데… 숫자는 같지만, 내 피부가 기억하는 18도는 달랐다. 4월의 18도에는 봄빛이 더해질 거라는 기운이 감돌았고, 10월의 18도에는 찬 기운이 서서히 번져올 거라는 느낌이 배어 있었다. 같은 수치, 같은 시간, 같은 거리. 하지만 계절은 나의 감각을 조용히 다르게 만든다.

그건… 봄을 향해 가는 마음과 겨울을 향해 가는 마음의 차이. 같은 18도 속에서도 나는 각자 다른 계절을 살고 있다.

하루가 툭, 말을 걸었다

Replay

어느 날 문득, 아무 이유 없이 마음이 젖는 순간이 있다. 익숙한 향기, 흘러가는 햇살 한 조각, 오래전에 들었던 멜로디 하나가 무심히 건드리고 간 자리에서 묻어 두었던 감정들이 살며시 깨어난다.

때로는 다정한 손길처럼, 때로는 알 수 없는 서늘함으로, 기억은 오래된 필름처럼 불쑥 재생된다. 희미한 장면 속의 나는 조금은 서툴렀지만 투명하게 빛나던 눈빛을 가지고 있었다.

시간은 앞으로만 흐르는 듯 보이지만, 마음속 어떤 조용한 곳에서는 그 흐름이 되감기듯 돌아오기도 한다. 그곳엔 말없이 스쳐 간 순간들과 미처 다 쓰지 못한 마음의 문장이 아직도 고요히 머물고 있다.

기억은 때로, 물빛 그림자처럼 조용히 내려와 마음을 적신다. 그저 바라보는 것만으로도 위로가 되고, 되돌릴 수는 없지만 되새길 수 있는 것들이 있다는 사실에 다시, 한 걸음 더 따뜻해진다.

안녕

안녕!
만났을 때 들으면 참 반가운 말.

안녕…
누군가와 이별하며 들을 땐 한없이 슬픈 말.

같은 두 글자인데
어느 날은 시작이 되고,
어느 날은 끝이 된다.

다시는 만날 수 없는 순간에
마지막 인사가 되어 버린 안녕은
가슴 깊은 곳에 지워지지 않는 결을 새긴다.

하루가 툭, 말을 걸었다

가구들의 마지막 인사

이사를 앞두고 바꿀 예정이던 가구들이 몇 가지 있었다. 그중 내가 오랫동안 써온 책상은 처음부터 꽤 좋은 물건이었는지, 15년이 지난 지금까지도 전혀 불편함 없이 잘 쓰고 있었다. 하지만 새로 이사할 집은 공간이 좁아, 부득이하게 더 작은 책상으로 교체하기로 했다. 그런데 며칠 뒤, 멀쩡하던 책상 서랍이 갑자기 '툭' 하고 떨어졌다. 손봐도 쓰기 어려울 정도로 망가져 있었다.

이상한 일은 계속됐다. 그럭저럭 잘 쓰던 거실의 술 장식장도 서랍이 아래로 빠져나왔고, 화장실에 걸려 있던 벽시계는 바닥으로 떨어져 깨져 있었다. 모두 이사와 함께 정리하려던 물건들이긴 했지만, 기분은 묘했다.

말도 안 되는 생각이란 건 알지만, 문득 그런 생각이 들었다. 오래된 이 가구들과 집기들이, 수명이 다해 가면서도 끝까지 제 역할을 다 하다가, 이사를 앞두고야 비로소 자신의 몫을 다했음을 알고 마침내 스스로 퇴장한 건 아닐까.

조용히, 묵묵히, 책임을 다한 후에야 비로소 쉬어도 된다는 걸 스스로 받아들인 듯한…

잊고 지낸 것들의 속삭임

거실의 TV, 소파, 운동기구, 부엌의 냉장고, 식탁, 싱크대, 큰방의 침대, 옷장, 화장대, 작은 방의 책상, 컴퓨터, 피아노. 그 외에도 크고 작게 각자의 자리를 차지하고 있는 수많은 물건들.

언제부터였을까. 이 집에 있는 것들에게 마음을 기울이지 않게 된 건. 하지만 곰곰이 들여다보면 집 안으로 들어온 모든 물건들엔 작고 조용한 사연 하나씩은 담겨 있다.

고등학교 여름날, 무더위를 참으며 공부했던 영어 문제집, 어느 밤, 화면 너머 홈쇼핑으로 주문한 비타민, 이사 오는 날 누나가 고른 연한 색 커튼, 영하의 날씨 속 나를 따뜻하게 감싸 준 낡은 점퍼. 친구가 생일에 건넨 신발 한 켤레, 어머니 손에 들려 온 장바구니 속 만 원짜리 쫄쫄이 바지, 관광지에서 사 온 대나무통 연필꽂이, 그리고 초등학교 3학년 어느 날, 아버지께서 선물해 주신 나의 첫 인감도장….

이따금 그런 물건들을 스쳐 볼 때면, 내가 잊고 지냈던 시간들이 나를 먼저 알아보는 것 같다. 오래된 기억들이 조용히 손을 내밀어 오는 순간, 마음 한 켠이 묘하게 흔들린다.

돈을 주고 산 것도, 누군가 마음 담아 건넨 것도, 우연히 얻게 된 것도, 머물다 놓고 간 것들도… 모든 물건은 단 한 번쯤 누군가의 시선과 손끝을 지나 이 집 어딘가에 그들만의 자리를 마련했다.

　　　　　　　　　　　　　　　하루가 툭, 말을 걸었다

지금은 잊힌 채 베란다 구석에 잠든 것들도, 우연히 스치며 지난 시간을 불러오는 것들도, 어떤 계절, 어떤 공간을 되살려 주는 것들도, 시간이 더해져 그리움이 묻어난 것들도 있다.

가끔은, 아주 가끔은 집 안을 천천히 거닐며 이 물건들이 어디서, 어떤 이유로 왔는지 기억을 더듬어 보는 건 어떨까. 우리의 관심과 기대는 서서히 옅어졌을지언정 물건들은 그 모습 그대로 머물러 있었으니.

기억의 불빛을 다시 켜 준다면 그들은 묵묵히, 조용히 자신의 존재를 다시 빛내 줄지도 모른다.

클라우드에 두고 온 마음

드래곤볼, 공작왕, 북두신권 같은 만화책들, X-Men 시리즈와 한때 푹 빠져 보던 홍콩 영화들, 지브리 스튜디오의 애니메이션, 그리고 내 인생의 한 장면처럼 남아 있는 수많은 영화와 드라마들. 거기에 좋아하던 가수들의 LP와 CD까지…

정말 좋아해서, 언젠가 다시 보고 듣기 위해 애지중지 간직해 왔던 것들이다. 혹시나 DVD에 흠집이라도 날까, LP에 습기라도 차진 않을까, 외장 하드에 오류가 생겨 파일이 날아가진 않을까. 그 모든 걱정 속에서도 나는, 그것들을 '내 것'이라 부르며 아꼈다.

그런데 어느 순간 세상이 바뀌었다. 내가 그렇게 모아 왔던 콘텐츠들이 이제는 대부분 음원 사이트나 OTT 플랫폼에서 쉽게 찾아볼 수 있다. 언제든 다시 볼 수 있고, 듣고 싶은 순간마다 손끝 하나로 닿을 수 있다. 편리함은 커졌고, 불안은 줄었다.

하지만 이상하게도, 이제 그것들이 더 이상 '내 것' 같지 않다. 그토록 아끼던 것들이, 그렇게 애써 지켜 온 소중한 것들이 이젠 어디서나 '누구나 볼 수 있는 무언가'가 돼 버린 느낌. 편리함 뒤에 남겨진, 어쩐지 쓸쓸한 소유감.

요즘은 음악도, 영화도, 책도 모두 클라우드 속에 있다. 기억이 아니라 '저장 용량'을 걱정하는 시대. 내가 직접 고르고 다듬던 취향의 흔적은 희미해지고, 이제는 알고리즘이 대신 내 마음을 예측한다.

그럴 때면 문득, 예전의 불편함이 그리워진다. 좋아하는 해외 가수의 음반을 찾아 서울의 거리들을 돌아다니며 느꼈던 그 설렘, 낡은 영화 한 편을 보기 위해 비디오 가게의 진열대를 헤매던 시간. 그렇게 손끝으로 겪은 수고와 기다림이야말로, 내가 무언가를 진심으로 아꼈다는 증표였던 시절이다.

아마 진짜 소유란 손에 쥔 물건이 아니라 그 안에 담긴 마음과 기억을 오래 붙드는 일인지도 모른다. 그 마음을 이제는 클라우드에, 아니면 마음 어딘가의 구석에 조심스레 맡겨 두고 살아가는 시대.

가끔은 그 저장 공간을 열어, 잊고 있던 마음 하나쯤 다시 꺼내 보고 싶다. 삭제 대신 '복원'을 누를 수 있는, 그 시절의 온기로.

작은 화면 위의 평등

재벌을 떠올리면 늘 눈부신 장면들이 차례로 스쳐 간다. 초고층 펜트하우스, 전시품처럼 늘어선 슈퍼카, 계절마다 쏟아지는 한정판 명품 가방, 옷장에 군인처럼 정렬된 디자이너 수트들.

집이나 자동차야 애초에 비교 자체가 되지 않으니 그러려니 하지만 사소한 물건 하나까지도 가격의 차이가 천양지차라는 점은 늘 씁쓸하다. 똑같이 발에 신는 양말인데, 내 것은 다섯 켤레에 만 원, 그들의 것은 한 켤레 값이 내 겨울 패딩과 맞먹는다. 그 앞에서는 발가락조차 신분의 벽을 실감한다. 그런데 아이러니하게도, 그들과 내가 완전히 같은 모델을 쓰는 물건이 있다. 바로 스마트폰이다.

회장이든 장관이든, 손에 쥔 건 나와 같은 기종이다. 케이스는 금으로 두를 수도, 다이아몬드를 박을 수도 있겠지만 그 안에 들어 있는 모바일 칩셋이나 카메라 성능이 내 것보다 특별히 뛰어난 건 아니다. 실수로 떨어뜨렸을 때 더 단단하게 버티는 것도 아니고, 화면은 똑같은 방식으로 켜진다. 시간이 지나면 느려지고, 배터리가 빨리 닳는 일도 그들 역시 피할 수 없을 것이다.

뉴스에서 본 국회의원의 모습이 아직도 기억난다. 정기국회 중 잠시 쉬는 시간이었던 것 같은데, 그가 손에 쥔 스마트폰이 눈에 들어왔다. 잠깐 스쳐 갔지만, 내 것과 거의 같은 모델이었다. 그는 누군가에게 메시지를 보내고 있었고, 사용하는 앱마저 내가 매일 열어 보는 그것과 다르지 않았다. 전혀 다른 인생을 살고 있지만, 그 순간만큼은 같은 화면 위에서 같은 움직임을 반복하고 있었다.

물론 이 사실이 내 삶을 바꿔 주진 않는다. 여전히 신발은 아웃렛에서, 열쇠고리는 친구가 건네준 기념품이다. 스마트폰을 끄는 순간 다시 원래의 세계로 돌아간다. 하지만 그 잠깐의 순간이 주는 묘한 균형감은 분명히 있다.

어쩌면 세상의 불균형 속에서도, 이렇게 작은 균형의 순간들이 우리를 버티게 하는지도 모르겠다.

밑반찬 리셋

삼겹살이 맛있기로 소문난 집이 있다. 둘이 가도 넉넉히 4인분은 먹어야 "배 좀 찼다"는 말이 나오는 곳. 가격은 만만치 않지만, 밑반찬이 워낙 훌륭해 가끔 가곤 한다.

그런데 이상한 점이 있다. 2인분을 시키면 밑반찬이 한 상 가득 차려지는데, 고기 양이 부족해 추가로 2인분을 시키면 그땐 밑반찬을 내주지 않는다. 처음 온 손님에게만 제공되는 일종의 환영 세트인 셈이었다. 합리적인 정책일지 모르지만, 똑같은 돈을 내면서도 차별받는 기분이 드는 건 어쩔 수 없었다.

같은 2인분인데, 대접의 온도가 달라지다니, 괜히 억울한 기분이 들었다. 그래서 친구에게 소박한 반란을 제안했다. 2인분을 먹고 나간 뒤, 30분쯤 시간을 두고 다시 들어가 또 2인분을 주문하는 것. 시스템의 허점을 이용한, 지극히 온건한 저항이었다.

작전명, '밑반찬 리셋'. 우리는 계획대로 첫판을 해치우고 술기운도 깨고 배도 좀 꺼트릴 겸 근처를 산책 후 시간을 맞춰 다시 입장했다. 테이블에 앉아 주문을 넣자 예상대로 밑반찬이 한가득 나왔다. 우리는 작은 승리에 만족하며 두 번째 식사를 즐겼다.

깨끗하게 닦인 테이블, 막 차려진 밑반찬, 그리고 은근한 승리감. '그래, 이 정도면 완벽해.' 우리는 조용히 미소를 주고받았다. 이쯤 되면 작

하루가 톡, 말을 걸었다

전은 성공한 셈이었다. 그렇게 한참을 먹고 난 뒤 계산대 앞에 섰는데 그때, 예상치 못한 한마디가 들려왔다.

"두 번이나 오시다니, 저희 삼겹살 정말 입에 맞으셨나 봐요~"

짧은 침묵 끝에, 우리는 서로를 보며 같은 생각을 했다.
'이건 우리가 짠 시나리오가 아닌데?'

순간, 우리의 '복수극'은 사장님의 자부심만 한껏 높여 드리는 결과로 끝났다. 결국 얻은 건 밑반찬과 깨끗한 테이블, 잃은 건 복수의 명분이 었다.

집으로 돌아오며 생각했다. 세상엔 이런 복수도 있다. 누군가를 이기 려다 오히려 그를 기분 좋게 만들어 버리는 일. 그날 이후, 나는 밑반찬 을 볼 때마다 웃음이 먼저 난다. 결국 진 셈이지만, 묘하게 기분 좋은 패 배였다. 적어도 식사는 즐거웠으니까.

8월의 추억

여름은 지나갔지만
그날의 온도는 아직
마음 어딘가에 머물러 있다.

햇살과 비가 겹쳐 흐르던 오후,
한 우산 아래 나란히 걷던
그 조용한 순간이
이따금 바람에 스쳐 온다.

차가운 바람이 불어와도
가슴 어딘가는 여전히 따뜻하다.
여름이 남기고 간 온기가
겨울까지 데워 주고 있다.

이미 멀어진 계절인데도
어쩐지 그 향기는
아직도 바람 속에 남아
조용히 마음 한구석에 스며든다.

하루가 톡, 말을 걸었다

2장. 사람과 사람 사이

때로는 가까워지고 싶고, 때로는 거리를 두고 싶다. 사람 사이의 적당한
온도를 찾아가는 이야기.

역할 너머에

지금의 팀장을 그가 팀원이었을 때 동료로 만났더라면, 리더로서의 단호하거나 고집스러운 모습은 모른 채, 늘 진취적이고 열정적인 모습에 존경과 배움을 느끼며 멘토로 삼았을지도 모른다.

현재의 배우자를 친구나 선후배로 먼저 만났더라면, 아내 혹은 가족 구성원으로서의 이름이 아닌, 쿨한 동료나 마음을 잘 들어 주는 친한 친구로 지냈을지도 몰라.

예전 담임 선생님을 사제 관계가 아닌 교회나 동네 마을에서 만났더라면, 엄격하고 규율을 강조하는 모습 대신 소박하게 봉사하고 따뜻하게 손을 내미는 사람으로 기억하고 있었을지도 모르지.

어쩌면 우리가 불편해하는 건 그 사람이 이상해서가 아니라, 그 사람이 가진 성격이 괴팍해서가 아니라, 그가 놓인 역할과 상황 속에서 다른 면이 드러났기 때문일지도 몰라.

사람은 누구나 맡은 역할에 따라, 마주한 순간에 따라 다른 얼굴을 꺼내 보이니까. 그러니 이렇게 생각해 본다. 다른 모습으로, 다른 자리에서 만났더라면 지금 느끼는 감정은 조금 더 따뜻했을지도 모른다고. 그 사람 역시, 누군가에게는 참 다정한 사람이었을지도 모른다고.

여전히 곁에

나에게는 오랜 세월을 함께한 친구가 있다. 누구에게든, 언제든 자신 있게 '제일 친한 친구'라고 말할 수 있는 그런 친구다. 30년 넘게 관계를 이어 오다 보니 서로의 과거는 이미 낱낱이 드러나 있다. 초중고 성적부터 서로의 가족, 연애사와 군대 시절, 직장까지. 굳이 숨기지 않아도 아는 것들이 많고, 서로의 삶이 겹겹이 겹쳐 있는 사이다.

그 친구는 어려서부터 늘 중심에 있었다. 초등학교 때는 반장을 도맡아 했고, 중고등학교 때는 전교 회장, 대학에서는 과 대표를 지냈다. 사회에 나와서는 친구들과 동료들의 결혼식 사회를 숱하게 맡았고, 술자리에서는 분위기를 이끄는 사람. 나에게는 너무나 자연스러운 그의 모습이었다. "저 친구는 원래 그런 사람이지" 하고 의심조차 해 본 적이 없었다.

그러던 어느 날, 우연히 친구의 MBTI 이야기를 들었다. 나는 당연히 'E'로 시작할 거라 믿었는데, 뜻밖에도 'I'라고 했다. 나를 포함한 주변 모두가 '극 E'라고 단정했는데, 그 말은 적잖은 놀라움으로 다가왔다. 그래서인지 나머지 세 글자는 전혀 기억나지 않는다.

물론 MBTI가 한 사람을 온전히 설명해 주는 건 아니다. 'I'이면서도 'E'에 가까울 수 있고, 상황에 따라 달라지기도 하니까. 나 역시 그렇듯, 친구라고 다르지 않을 것이다. 하지만 그 사실을 알게 된 순간, 언제나 밝고 중심에 서 있던 친구에게서 겉모습 뒤의 무게가 전해지는 것 같았다.

하루가 툭, 말을 걸었다

'E'가 'T'보다 영업에 반드시 유리하다는 뜻은 아니지만, 영업직에 몸담으며 20년 넘게 숱한 접대와 인간관계를 감당해 온 그의 뒷면에는 내가 보지 못한 많은 노력이 숨어 있었을 것이다. 나는 그저 사람을 좋아하고 자리를 즐기니, 친구에게 접대는 일이라기보다 즐거운 자리의 연장선이었을 거라 여겼지만, 그 안에도 분명 버겁고 힘든 순간들이 있었으리라.

그때의 놀라움은 늘 조용하고 단단한 모습으로만 알던 아버지가 친구들 앞에서 농담을 주고받으며 아이처럼 웃는 모습을 처음 본 순간과 닮아 있었다.

사람 사이의 관계는 알 수 없는 빈칸이 남아 있을 때 오히려 더 자연스럽고 오래 갈지도 모른다. 곁을 지켜 주는 누군가가 있다는 사실, 변해 가는 순간들을 함께 나눌 수 있다는 것. 돌아보면, 그 단순한 사실 하나만으로도 마음은 오래 든든해진다.

추억의 발라드

대학교 4년 동안 희로애락을 함께했던 여자 동기가 있다. 스무 살, 신입생 때 처음 만났다. 조별과제도 함께 하고, 술도 자주 마시고, 서로의 힘든 시기와 좋지 못했던 모습까지 자연스럽게 공유했던, 마치 고등학교 동성 친구 같은 존재였다. 4학년이 되어 취업 준비에 매달릴 때는 도서관-식당-집이라는 삼각 루트를 거의 매일같이 함께 돌았다. 성격도 다르고, 취향도 많이 달랐지만 우리가 격하게 공감하던 게 하나 있었다. 바로 옛날 노래. 어디선가 노래가 흘러나오면 각자 그 노래에 얽힌 추억을 떠올리며 기억을 풀어놓았고, 노래방에서는 누가 더 좋은 '추억의 발라드'를 선곡하느냐를 두고 작은 승부를 벌이기도 했다.

물론, 다투고 서운한 순간들도 있었다. 하지만 그런 시간들이 쌓이면서 우리는 진한 우정과 의리로 서로를 지켜 줬다. 내가 군대에 있을 땐 먼 길을 마다 않고 면회도 와 주었고, 나 역시 그 친구의 결혼식에 참석해 진심을 담아 축하했다.

세월이 흘렀다. 두 아이의 엄마가 된 그 친구는 자연스럽게 자신의 삶에 잘 적응해 갔다. 나 또한 주변 사람들과 일에 몰두하다 보니 연락하는 횟수는 점점 줄어들었다. 1년에 한두 번 통화하고, 서울에서 잠시 만나기로 한 적도 있지만 시댁에 머물러야 했던 탓에 예전처럼 함께 술을 마시지 못했던 것이 못내 아쉬워 어느 해 겨울, 기대와 설렘을 함께 안고 그 친구가 사는 강원도의 어느 도시로 찾아갔다.

졸업한 지도 어느덧 12년. 그날은 오래도록 얘기를 나누고, 노래방에서 옛 발라드를 부르며 술잔을 기울이길 바랐다. 하지만 그 바람은 이루어지지 않았다. 나를 정말 반가워했지만, 그 친구는 몇 차례의 수술 끝에 건강이 많이 좋지 않은 상태였다. 휴직까지 고민하고 있었고, 술은 당연히 피해야 하는 상황이었다. 그럼에도 미안하고 반가운 마음에 맥주 몇 잔을 함께 마셔 주었고, 저녁 자리에서도 계속 울리는 아이들의 전화에 결국 밤 9시쯤 인사를 나누고 헤어졌다. 말로 설명하기 어려운, 반가움 속의 묘한 쓸쓸함이랄까.

오랜만에 만난 친구지만, 우리는 더 이상 서로가 기억하던 그 시절의 모습으로는 돌아갈 수 없다는 걸 느꼈다. 우리는 이제 팔팔했던 20대 학생이 아니라 이제는 어엿한 중년의 남녀가 되어 있었다.

한때 익숙했던 순간들이 문득 그리워질 때가 있다. 그러나 그리움은 늘 손에 잡히는 것이 아니라, 마음 한편에서 조용히 살아 숨 쉬며 지금의 나를 지탱해 주는 힘이 되기도 한다. 그날의 만남은, 아마도 그런 그리움 하나를 내게 남겨 준 것 같다.

여행 기억

20대 후반, 같은 직장에서 함께했던 후배가 있다. 그 후로 10년 넘게 알고 지냈지만, 여러 동료와 어울려 술자리를 가진 적은 있어도 단둘이 만난 적은 없었다. 코로나 시기, 그 후배가 내가 근무하는 곳으로 다시 오게 되면서 두 번째 직장 인연이 이어졌다. 모일 수 있는 인원이 세 명 이하로 제한되던 때, 우리는 자연스레 둘이 만나게 되었고, 그 과정에서 여행 이야기가 오갔다.

처음 여행을 약속했을 땐 솔직히 조금 망설였다. 일상에서는 무난했지만, 여행은 또 다르지 않던가. 어색하지 않을까, 침묵이 불편하지 않을까 하는 생각이 자꾸 고개를 들었다. 날짜를 정해 놓고도 어쩌면 누군가의 핑계로 자연스럽게 취소되기를 은근히 바랐는지도 모른다.

하지만 후배는 달랐다. 여행 일주일 전부터 꼼꼼히 계획을 세워 왔다. 첫날엔 패러글라이딩, 둘째 날엔 자전거 하이킹, 거기에 저녁과 아침 식사로 들를 맛집까지 이미 손에 쥔 상태였다. 덕분에 나는 반쯤은 맡겨 두고 따라가기로 했다.

봄기운이 완연했던 4월, 우리는 양평으로 향했다. 금요일 오전 근무를 마치고 떠나는 길은 주말을 미리 선물 받는 듯 설레었다. 첫 일정은 패러글라이딩. 높은 산에 오르며 순간 걱정이 스쳤지만, "지금껏 사고는 없었다"라는 말에 마음을 가라앉히고 발을 내디뎠다. 몇 차례 몸을 밀어 올리자 바람이 등을 떠밀었고, 어느새 나는 허공에 떠 있었다. 비

하루가 톡, 말을 걸었다

행기 창문 너머로 보던 세상과는 전혀 다른, 몸으로 직접 날아가는 듯한 해방감이 몰려왔다.

저녁은 미리 정해 둔 식당이 있었지만, 혹시 모를 노포를 찾아 양평 시내를 걸었다. 후배는 여행지에서 체인점 대신 숨은 맛집을 찾는 걸 즐기는데, 그 부분은 나와 취향이 겹쳐서 좋았다. 그렇게 걷다 발견한 곱창집은 밖에서 보기에도 "여기다" 싶은 느낌이었다. 안은 이미 사람들로 붐볐고, 음식 맛은 기대를 저버리지 않았다. 술잔을 부딪히며 막 떠올린 패러글라이딩 이야기를 나누다 보니, 밤은 빠르게 흘러갔다.

다음 날은 전기자전거 하이킹. 후배가 자기 것과 아내 것까지 챙겨와 트렁크에 싣고 온 덕분에, 나도 처음으로 전기자전거를 타 볼 수 있었다. 강을 따라 달리는 길 위에는 아직 벚꽃이 흩날리고 있었고, 살짝 더운 공기와 차가운 바람이 교차하며 땀을 식혀 주었다. 오르막도 힘들이지 않고 오를 수 있어 오히려 풍경을 더 여유 있게 즐길 수 있었다. 중간에 멈춰 선 작은 편의점에서 마신 아이스커피 한 잔은, 온몸에 흘린 땀방울을 단숨에 보상해 주는 달콤한 휴식이었다.

그렇게 우리의 1박 2일은 끝이 났다. 뒤돌아보면, 후배가 굳이 활동적인 일정을 고른 이유를 알 것 같았다. 첫 여행이니 정적인 풍경보다 몸을 움직이는 편이 서로에게 덜 어색할 것이고, 공통의 경험이 이야기를 이어 주리라는 걸 예상했을 것이다.

즉흥적으로 정했던 여행이었지만, 떠나길 잘했다는 생각이 남았다.

같은 일을 하는 사람들이라 대화는 술술 이어졌고, 서로 맞추는 성향 덕분에 불편함은 없었다. 그 뒤로 우리는 종종 함께 여행을 간다.

나이가 들수록 관계가 줄어드는 시기에, 예상치 못한 인연이 조금씩 깊어지는 건 뜻밖의 선물이다. 처음엔 망설였지만, 막상 떠나 보니 생각보다 훨씬 편안하고 좋았던 여행. 돌아보면, 남자 둘의 소박한 여행은 단순한 나들이가 아니라, 다시금 관계를 단단하게 묶어 준 특별한 기억으로 남았다.

하루가 툭, 말을 걸었다

머물다 간 마음들

예전에는 인연 하나하나에 의미를 두곤 했다. 그 사람이 걸어온 길, 그의 가족, 그의 지난 이야기들까지 알아야만 비로소 관계가 된다고 믿었다. 그래서 사람을 만날 때마다 마음 깊은 곳까지 들여다보려 애썼다. 하지만 시간이 흘러, 지나간 얼굴들이 많아졌다. 그때는 진지했던 대화와 표정들이 지금은 기억 저편에서 희미하다. 아마 그들 역시 나의 진지했던 눈빛을 기억하지 못할 것이다.

그때는 모든 인연이 오래 남을 거라 믿었지만, 사람과 사람은 생각보다 오래 머물지 않는다. 그렇다고 지난날의 만남이 덧없다는 것은 아니다. 그 시절의 나는 그들로 인해 따뜻했으니까. 다만 뒤늦게 알게 된 점이 있다면, 인연이 깊어야만 소중한 것은 아니라는 사실이다. 한 번의 만남이었지만 오래도록 기억에 남는 사람이 있고, 개인적으로 연락하던 사이는 아니었지만 직장을 이동하고 나서도 계속 떠오르는 사람이 있다. 잠시 스쳐 간 사람도 삶에 작은 흔적을 남기고, 그 작은 흔적들만으로도 인생은 충분히 채워진다는 것.

머물면 머무는 대로, 스쳐 가면 스쳐 가는 대로, 기억되지 않아도 괜찮고, 오래 남지 않아도 괜찮다. 그저 서로의 시간 속을 잠시 지나간 마음들이 나의 하루를 조금 더 부드럽게 만들어 주었다면, 그걸로 충분하다.

안부

어느 날, 번호 저장이 안 된 친구한테 문자가 왔다. 그 친구도 내가 번호를 저장하지 않았을 거라는 걸 짐작했는지, 메시지 끝에 자기가 누군지 밝혀 두었다.

중고등학교 때 서로의 집을 드나들며 지냈던 친구였다. 입대하기 전까지만 해도 우리 집에 들렀던 기억이 있는데, 그 이후로는 자연스럽게 연락이 끊겼다. 가끔 다른 친구를 통해 그가 결혼했다는 소식, 딸을 낳았다는 이야기를 간간이 전해 들었지만, 청첩장이나 따로 연락을 받은 적은 없었기에 어느새 그렇게 많은 시간이 흘렀다.

"잘 지내냐? 궁금해서 연락 한번 해 본다. 이거 진짜 안부 문자야."

마지막 문장에서 시선이 멈췄다. '이거 진짜 안부 문자야'라는 말이, 코끝을 살짝 찌른다. 아마 다른 친구들한테 먼저 연락했다가 답을 받지 못했거나, 어딘가에서 미묘한 벽을 느꼈던 걸까.

요즘 오랜만에 연락 오는 사람들에게는 어떤 패턴이 있다. 결혼식, 장례식, 보험, 펀드, 영업. '안부'는 서두에 불과하고, 본론은 다른 곳에 있는 경우가 많다.

나도 가끔, 술 한 잔 넘어가거나 감정이 몽글해지는 밤이면 오래전 가까웠던 이들이 떠오른다. 전화번호부를 스크롤 하다가, 지우지 못하고

하루가 톡, 말을 걸었다

남겨둔 이름들을 발견한다. 어떻게 지낼지 궁금하기도 하고, 한 번쯤 만나 옛날이야기를 나누고 싶지만 결국은 폰을 내려놓는다. 마음이 없어서가 아니라 상대가 내 연락을 반가워하지 않을지도 모른다는, 묘한 자신감 부족 때문이다. 몇 마디 안부를 주고받다가 "어… 아무튼 잘 지내." 하고 끝날 어색한 결말이 눈에 보이고, 잠깐 반가웠다가 다시 흐릿해질 관계도 예상된다.

　어느 순간부터, 새로운 사람을 알게 되는 일보다 자연스럽게 멀어지는 사람이 더 많아진다. 그래서였을까. "이거 진짜 안부 문자야." 그 한 줄이 오래 마음에 남았다.

환승의 기억

이탈리아 여행을 마치고 돌아오는 길, 카타르 공항에서 환승을 해야 했는데, 대기 시간이 무려 6시간이나 되었다. 공항 한복판, 익숙하지 않은 언어들이 오가는 그곳에서 시간을 보내던 중, 문득 근처에서 한국어가 들렸다. 반가운 마음에 고개를 들었더니 몇 명의 한국인이 보였다.

스마트폰으로 영상을 보고 음악을 듣다가도 지루함은 계속 쌓여만 갔다. 그러다 군복을 입은 한 청년과 자연스레 말을 섞게 되었다. 중동 지역에 파병 중이던 그는 훈련 일정 때문에 어머니의 장례식에 참석하지 못했다고 했다. 이제야 뒤늦게 한국에 가는 길인데, 장례가 끝난 지 벌써 일주일이 지났다고. 그의 목소리가 조용히 가라앉았다.

잠시 후 다른 청년과도 이야기를 나누게 되었다. 그는 칠레에서 유학 중이었는데, 갑작스러운 부고를 받고도 당장 비행기 값을 마련할 수 없어서 아버지의 마지막을 지키지 못했다고 했다. 그 역시 장례를 치른 뒤에야, 겨우 한국행 비행기에 오를 수 있었다. 그의 목소리에는 아버지에 대한 미안함이 섞여 있었다.

누군가는 책임감 때문에 가족의 마지막 순간에 함께하는 것조차 허락되지 않고, 누군가는 비행기 한 장 값이 버거워 평생 마음에 남을 이별을 온전히 마주하지 못한다. 헤어짐은 누구에게나 슬프지만, 어떤 사람들에게는 그 슬픔을 받아들일 시간조차 주어지지 않는다. 세상에서 제일 아끼고 사랑하는 사람의 마지막을, 멀리서, 조용히, 혼자만의 마음

하루가 톡, 말을 걸었다

으로 배웅해야 했던 사람들.

끝없이 이어지는 것만 같던 나의 여섯 시간도, 그들이 고인의 곁에 가기 위해 건뎌야 했던 시간에 비하면 한낱 짧은 공백일 뿐이었다. 그날 환승 대기실의 차가운 형광등 아래, 각자의 무게를 안고 묵묵히 앉아 있던 청년들의 뒷모습이 유난히 오래 마음에 남았다. 아마도 환승의 긴 대기 시간보다, 그들이 지고 있던 이별의 무게가, 내 마음을 더 깊고 길게 붙잡아 두었던 것 같다.

다정한 용기

어릴 적 친구들이 그리운 건, 그 시절엔 마음을 숨기지 않아도 괜찮았기 때문일 것이다. 서툴러도, 부족해도 서로를 있는 그대로 받아 주던 시절. 그러니 창피한 모습조차 솔직하게 드러낼 수 있었던 게 아닐까. 그런데 문득 궁금해진다. 지금 내 곁에 있는 사람들과는 왜 그때처럼 마음을 내어 주는 일이 이토록 조심스러워진 걸까.

우리는 여전히 마음속 어딘가에 그 순수했던 감정을 간직하고 있다. 하지만 살아오며 몇 번쯤 먼저 다가섰다가 상처를 입기도 했고, 기대만큼 실망했던 순간들도 있었기에, 아마도 그때부터 조금씩 마음을 닫게 된 건 아닐까.

요즘 SNS 속 영상을 보면 '가려내야 할 사람들 유형'에 대한 이야기가 참 많다. 불평이나 부정적인 말을 끊임없이 하는 사람, 자기 이야기만 하고 상대의 말에는 귀 기울이지 않는 사람, 남의 성취를 진심으로 축하하지 못하고 끊임없이 비교하는 사람들. 심지어 성인이 되어서도 타인에게 과도하게 의지하는 이들까지, 그 목록은 끝이 없다.

그러다 문득 생각한다. 이렇게 하나하나 가려내고 나면 내 곁에 남는 사람은 과연 몇 명이나 될까. 나 또한 그 수많은 유형 중 어느 하나쯤에는 닮아 있을지도 모른다. 그리고 누군가는 이미 나를 관계에서 멀리 두어야 할 사람으로 여기고 있을 수도 있다. 물론 어떤 이들은 사람은 결국 혼자일 수밖에 없다고 말하고, 나도 그 말에 고개를 끄덕인다. 나이가 들수록 혼자 보내는 시간이 늘어나는 건 자연스러운 일이지만, 나에겐 여전히 관계 속에서 마음을 나누는 경험 또한 소중하다.

우리는 누구나 불완전하다. 때로는 부정적인 말을 내뱉기도 하고, 남의 이야기에 집중하지 못한 채 내 생각만 앞세우기도 한다. 그럼에도 불구하고 이어지고 싶어 하는 마음도 공존한다.

살다 보면 분명 거리를 두어야 할 때도 있고, 내 마음을 지켜야 할 순간도 있다. 다만 경계하는 데만 익숙해져서 다가오는 손길마저 밀어내고 있지는 않은지 돌아볼 일이다. 상대가 먼저 완벽한 신호를 보내 주기를 기다리기보다, 내가 먼저 조심스레 작은 마음을 내어 보는 것. 그 한 걸음이 서로의 마음을 잇는 시작이 될 수 있다.

외로움이 싹틀 자리에 조금 더 다정한 용기가 자라나길 바란다. 완벽하지 않아도, 서툴러도 괜찮다. 마음은 언제나 다정함에 가장 먼저 반응하니까.

건배는 짧게, 의리는 길게

가끔 친구나 동료와 술을 마시다 보면, 조금은 난감한 상황에 처하게 되는 순간이 있다. 1차에서 소주 각 2병쯤 비우면 어지간한 사람은 슬슬 취기가 올라올 타이밍인데, 우리나라 정서상 그걸로 끝내자고 하면 살짝 아쉽다. 뭔가… 예의가 아닌 느낌?

1차를 친구가 계산했다면 나는 2차를 계산해야 한다는 암묵의 룰. 상대방도 알고, 나도 아는… 무언의 약속.

사실 친구도, 나도 속으로는 '이쯤에서 집에 가면 딱 좋은데' 하고 생각하지만, 얻어먹은 입장이라 먼저 빠지기도 뭐하고, 친구 역시 매몰차게 "나 먼저 간다" 하기가 애매하다.

그래서 어영부영 2차로 넘어가고, 술이 술을 부르고, 이야기가 이야기를 부르다 보면 어느새 소주 3병, 4병… 도대체 누가 따라 준 건지도 모를 만큼 술잔이 오간다. 2차, 3차에서 했던 의리 넘치는 대화들은 다음 날 기억 저편으로 사라지고, 서로를 배려하다가 끝내 남는 건 지친 몸과 가벼워진 지갑일 때가 많다. 그런데 이상하게도, 그런 밤들이 완전히 무의미했다고는 할 수 없다.

신기하게도 그 시간들이 쌓여서 지금의 편안함과 그 사람에 대한 신뢰가 만들어진다. 술자리 내용이 자세히 기억나진 않아도, 함께 시간을 보냈다는 사실 자체가 관계에 어떤 깊이를 더해 주는 것 같다.

하루가 톡, 말을 걸었다

물론 나이가 들어갈수록 과음은 부담이 된다. 친구나 동료가 좋아도 그의 주량이 부담되어 만남을 머뭇거릴 때가 있고, 반대로 나보다 술이 약한 친구나 후배가 나와의 술자리를 부담스러워한다는 것을 느껴본 적도 있다. 그럼에도 술잔 사이에는 여전히, 사람과 사람 사이의 거리를 좁혀 주는 무언가가 있다는 걸 부인할 수는 없다.

가까운 사이라는 건, 서로를 위해 조금은 무리해서 시간을 내주고, 잘 보이려 애쓰지 않아도 편히 있을 수 있는 관계가 아닐까 싶다. 그렇다면 이제는 이렇게 말하며 술자리를 마무리하는 건 어떨까?

"야, 우리 이제 1차에서 끝내도 우정은 충분하다."

이렇게 다를 줄이야

"적당히 해~"

회사 후배에게 가볍게 건넨 말이었다. 내 생각엔 아직 손볼 부분이 조금 남아 있었다. 디테일을 조금만 더 다듬고, 빠진 부분을 채우면 완벽할 것 같았다. 하지만 너무 부담을 주기 싫어 "일정을 고려해서 적당히 수정해 봐요~"라고 말했고, 후배는 고개를 끄덕이며 자리로 돌아갔다. 한 시간쯤 뒤, "다 했습니다!"라며 결과물을 들고 왔는데, "음…" 내가 보기엔 거의 그대로였다. 후배에게 '적당히'는 정말 부담 없는 수준의 수정이었던 모양이다.

미안하다, 내가 구체적으로 말했어야 했다.

"오늘 신나게 놀아 보자고!"

여름 여행을 잡으며 친구들이 한 말이다. 나는 해변에서 잠시 몸을 담그고, 펜션에 돌아와 고기 구워 먹으며 웃고 떠드는 장면을 상상했다. 그런데 친구가 말하는 '신나게'는 전혀 달랐다. 해변에서 다른 일행과 합석을 시도하고, 실패하면 근처 나이트클럽에 가서 밤새 놀자는 이야기였다. 아… 너의 '신나게'는 그런 의미였구나.

나는 조용히 체력을 아끼기 시작했다.

"술 잘 마신다며?"

이 말도 참 애매하다. 어떤 사람은 '많이 마셔도 멀쩡한 것'을 잘 마신다고 하고, 어떤 사람은 '분위기를 즐길 줄 아는 것'을 잘 마신다고 한다. 나는 전자의 의미로 물었는데, 상대는 후자로 받아들였다. 결국 술자리

하루가 툭, 말을 걸었다

가 끝나기도 전에 그는 이미 취해 자리에서 사라지고 말았다.

미안하다, 내가 잘못 물었다.

"그 일은 제가 잘할 수 있습니다!"

담당자가 정해지지 않은 일을 나누던 중, 평소 의욕적인 후배가 자신 있게 말했다. 와, 얼마나 기특한가. 잘하지 못하더라도 그런 태도 자체가 예뻤다. 살짝 기대도 했다. 그런데 막상 올라온 계획서를 보니 군데군데 손봐야 할 부분이 많았다. 후배는 칭찬을 기대하며 계획서를 내밀었고, 나는 그대로 진행하긴 어렵다 싶어 "아주 살짝만 수정하자"며 조심스레 말했다.

그래도 괜찮다. 난 여전히 너 같은 사람이 더 좋다!

우리는 같은 말을 하면서도, 전혀 다른 의미로 받아들일 때가 생각보다 많다. 나는 내 생각대로 말했고, 너는 네 기준대로 행동했을 뿐이다. 틀린 게 아니라, 그냥 달랐던 거다.

'술을 잘 마신다'의 기준도, '신나게 논다'의 기준도, '일을 잘한다'의 기준도 사람마다 다 다르니까.

그래도… 진짜 이렇게까지 다를 줄이야.

로딩 중인 나

예전, 처음 팀장을 맡았을 때의 일이다. 팀원이었을 땐 사람들 사이에서 "솔선수범하는 팀장이 좋다"라는 말을 자주 들었다. 그것도 티 내지 않고 자연스럽게 행동하면 더 멋지다며. 그래서 나 역시 그런 팀장이 되고 싶었다. 존경까지는 아니더라도, 적어도 팀원들이 편안하게 따를 수 있는 리더 말이다.

사무실 청소를 먼저 하고, 두 번 일하지 않도록 미리 점검해 안내하고, 사비로 회식이나 간식도 챙겼다. 그렇게 6개월쯤 지났을까. 그런데 어느 순간부터 사무실 청소는 언제나 내가 하는 일처럼 굳어졌다. 누구도 함께하자는 말은 꺼내지 않았고, 팀원들은 그저 내가 알아서 하는 걸로 여기는 듯했다. "팀장님 멋지십니다"라는 말은 들었지만, 어딘가 말로만 던지는 형식적인 칭찬처럼 느껴졌다. 그때 알았다. 팀은 나 혼자 열심히 한다고 굴러가는 게 아니라는 걸. 서로를 움직이게 만드는 온기 같은 무언가가 필요하다는 걸.

한 단계 더 높은 직책으로 올라갔을 때도 비슷한 경험이 이어졌다. 새로 들어온 신입은 당연히 모르는 게 많았고, 낯선 환경에 적응하느라 힘들어하는 모습이 눈에 보였다. 그래서 작은 일에도 칭찬을 아끼지 않았고, 일이 매끄럽지 않아도 질책 대신 격려를 건넸다. 결정적으로 발령을 받은 지 1년쯤 되었을 때, 그가 감당하기 어려워하는 상황을 보고 안타까운 마음에 병가를 쓸 수 있도록 조치를 취하고, 대신 업무를 맡을 인력까지 구해 주었다. 그런데 대체 인력이 업무를 이어 가던 중 모르는

하루가 툭, 말을 걸었다

부분이 있었고, 나는 그가 입원한 것도 아니기에 조심스럽게 문자를 남겼다. 하지만 그 직원은 이를 '병가 중에도 업무 지시를 받았다'라고 받아들이며 스트레스를 호소했고, 자칫 나를 갑질로 신고할 수 있다는 뉘앙스를 내비쳤다. 그 일이 있은 후 씁쓸함에서 벗어날 수 없었다. 그때 어렴풋이 느꼈다. 때로는 진심보다 자기 사정을 우선하는 이들의 마음이, 배려를 가장 쉽게 오해한다는 걸.

사람들은 조직원처럼 보이는 사람이 새치기를 하면 아무 말 못 하지만, 자신보다 왜소해 보이는 사람 앞에서는 쉽게 한마디를 던진다. 회사에서도 비슷하다. 까다롭다는 상사에게는 진심이 아니더라도 깍듯하게 대하고, 사람 좋다는 상사 앞에서는 태도가 느슨해진다. 일부 그런 사람들로 인해 관계의 균형은 미묘하게 기울어간다.

"개구리 올챙이 적 생각 못 한다"는 말처럼, 사람들은 왜 높은 자리에 오르면 초심을 잃을까. 나도 종종 그런 생각을 했다. 그런데 어느 날 문득, 그들 역시 상처를 품은 채 점점 덜 친절해질 수밖에 없는 길을 걷고 있는 건 아닐까 하는 생각이 들었다. 처음에는 좋은 리더가 되고 싶었을 텐데, 어느새 상처를 덜 받기 위해, 무시당하지 않기 위해 자신을 단단히 세우는 쪽을 택하는지도 모른다.

친절하면 가볍게 여겨지고, 권위를 세우면 멀어지는 세상에서 위치가 올라갈수록 그 균형을 맞춘다는 것이 얼마나 어려운 일인지 알게 된다. 리더십이란 결국 관계를 다루는 일이었고, 그 관계는 예측할 수 없을 만큼 섬세했다.

어떤 이는 내가 '모두에게 좋은 말을 듣고 싶어서' 이런 고민을 한다고 하고, 또 어떤 이는 "남에게 피해 주지 않는 한, 하고 싶은 대로 해라"라고 말한다. 그리고 누군가는, 이제 내가 평사원이 아니니 바라보는 관점 자체가 달라졌을 거라고 이야기한다.

모두 틀린 말은 아니지만, 마음은 여전히 복잡하다. 어릴 적엔 어른들은 하고 싶은 일을 마음껏 하는 것처럼 보여 부럽다고 생각했다. 사원이었을 때는 승진만 하면 모든 게 해결될 줄 알았다. 하지만 자리만 달라질 뿐, 짊어지는 무게는 다르지 않았다.

오늘도 나는 여전히 고민 중이다. 어쩌면, 좋은 리더가 되는 일보다 나 자신으로 남는 일이 더 어려운 걸지도 모른다. 아직도, 로딩 중인 나처럼.

하루가 톡, 말을 걸었다

0과 1

컴퓨터 언어의 기본, 0과 1.

그 단순한 숫자들이 모여 우리가 매일 쓰는 카카오톡 같은 앱도 만들어졌고, 그 카톡 속 숫자 '1' 하나가 요즘엔 사람 사이를 설명해 주기도 한다.

친한 사람 vs 그냥 아는 사람.
바로 답장 오는 사람 vs 한 달이 지나도 답장 안 하는 사람.

일정이 있었겠지…
운전 중이었겠지…
잠들었겠지…
폰을 두고 나왔겠지…
배터리가 없었겠지…
그럴 수도 있지 싶다가도 그 숫자 '1'이 자꾸만 눈에 밟힌다.

그런데 솔직히 말하면, 하루 종일 스마트폰을 옆에 두고 사는 요즘, SNS에 사진이나 글은 올리면서 내가 보낸 카톡에 '1'이 머무는 시간이 길어질수록 그 사람에 대한 마음도 그만큼 멀어지는 건 사실이다.

구조 조정

일 년 중 어느 한 시기쯤 되면 마치 연례행사처럼 휴대폰 속 주소록을 정리한다. 해야 할 과제도 아닌데 괜히 습관처럼 손이 간다. 내가 정해 놓은 카테고리는 총 다섯 개.

'가족', '친구', '동료', '지인', 그리고 '기타'.

나름 기준도 있다. 나이 불문, 편하게 술 한잔할 수 있으면 친구. 일쪽으로 얽힌 사람들은 동료. 어쩌다 알게 됐지만 딱히 깊지는 않다 싶은 사람들은 지인. 그리고 보험, 은행, 점포 등은 기타.

어떤 사람은 지인에서 친구로, 어떤 사람은 친구에서 지인으로, 그리고 또 어떤 사람은… 삭제로.

누르기 전 잠깐 멈칫하게 되는 이름도 있고, 아무 감정 없이 스윽 넘어가는 이름도 있다. 가끔은 '혹시 나중에 필요하면 어쩌지?' 싶어 손가락이 한 번 더 망설이기도 하지만, 결국 누른다. 마치 인사팀장이 된 것처럼 스마트폰 속에서만큼은 내 마음대로 연 1회 구조 조정이 이뤄진다.

비우고 채우고, 떠나고 들어오고. 섭섭하거나 싫어서 그런 것도 아니지만 모든 인연을 계속 품에 안고 살 순 없으니까.

이렇게, 나만의 정리라 생각했던 이 구조 조정 작업은 시간이 지난 후

하루가 톡, 말을 걸었다

조용한 양방향 정리였단 걸 알게 된다.

내가 번호를 지웠던 사람에게서 전화가 걸려 온 일은 거의 없었기에.

그렇게 우리는 서로의 주소록에서 동시에 사라졌다. 삭제 버튼 하나로 완성된, 가장 정중한 이별.

대화법

"공부는 잘하고 있니?"
"언제 결혼할 거야?"
"2세 계획은?"

너무 많이 들어서, 어느 순간엔 대답하기조차 싫었던 질문들이다. 속으로는 '그냥 관심 좀 꺼 주면 안 될까?' 싶을 때도 있었다.

하지만 시간이 지나고 보니, 그 질문들이 꼭 진심에서 나온 건 아닐 수도 있다는 걸 알게 되었다. 정말 궁금하다기보다는, 뭔가 말을 걸어야 할 상황에서 떠오른 게 그것뿐이었을 수도 있다. 물론 모두가 그렇다는 건 아니지만, 그 안에는 어색함을 덜어내려는 마음도 분명 섞여 있었을 것이다.

아이러니하게도 어느 순간, 나 역시 조카에게 "공부는 잘하고 있니?"라고 묻고, 후배에게 "만나는 사람은 있어?"라고 묻고 있었다. 한때는 부담스럽던 질문이, 어느새 나도 모르게 대화의 출발점이 되어 버린 것이다.

나이가 들수록 대화는 점점 더 조심스러워진다. 특히 요즘은 민감한 질문을 피하다 보니, 결국 무난한 질문만 오가게 된다. "잘 지내?" "바쁘지?" "건강은 어때?" 같은 것들.

하루가 톡, 말을 걸었다

그렇게 서로 조심하다 보면, 대화는 점점 더 겉돌게 된다. 무난한 질문, 무난한 대답. 그런데 문득 이런 생각이 들었다. 내가 정말 듣고 싶은 건 뭘까? 상대가 편하게 꺼낼 수 있는 이야기는 뭘까?

그래서 요즘은 조카나 후배들에게 이렇게 말을 건네 본다.
"요즘 빠져 있는 게 뭐야?"
"최근에 배우고 있는 게 있어?"
"퇴근 후엔 보통 뭐 하면서 쉬어?"
"네가 요즘 제일 재밌게 보고 있는 콘텐츠는 뭐야?"

친구와 나누는 대화가 아니다 보니 여전히 어색할 때도 있고, 이것마저 부담스럽지 않을까 걱정될 때도 있지만 적어도, 상대가 하고 싶은 이야기를 꺼낼 틈은 조금 더 생긴 것 같다.

완벽한 질문 같은 건 없다. 그저 잠시 멈추어, 상대의 이야기에 귀 기울일 준비가 되어 있는지 돌아보는 것. 아마 그것이 대화를 시작하는 가장 진솔한 방법일지도 모른다.

세대를 넘어서는 마음

언제부턴가 'MZ세대'라는 단어가 일상에 자연스럽게 스며들었다. 처음엔 신문 기사나 방송에서나 보던 낯선 말 같더니, 지금은 대화의 중간에도, 회의의 농담 속에도 흔히 오르내린다. 'MZ세대'의 특징을 찾아보면 빠른 피드백, 디지털 감각, 개성 존중 같은 단어들이 늘어놓아져 있다. 하지만 가만히 읽어 보면, 내가 젊었을 때에도 다른 세대가 우리에게 하던 말과 크게 다르지 않다는 생각이 든다. 결국 세대를 가르는 말은 편리한 분류일 뿐, 한 사람을 온전히 담기엔 언제나 부족한 것 같다. 그래서일까. 나는 오히려 자기 세대의 이름표를 조용히 넘어서는 사람들에게 마음이 간다.

연차가 쌓였음에도 새로운 것을 배우는 데 주저하지 않고, 후배에게 기꺼이 물으며 웃음을 건네는 선배. 자신의 경험을 절대적인 답처럼 내세우지 않고, "내 생각은 이렇지만, 너는 어떻게 보니?" 하고 조심스레 물어와 주는 사람. 바쁜 와중에도 작은 실수를 눈감아 주며 괜찮다고 다독여 주는 사람. 젊은 세대가 즐겨 입는 옷이나 액세서리를 가끔 센스 있게 곁들이면서도 전혀 어색하지 않은 사람. 그 자연스러움 속에서 오히려 세대의 경계를 넘어서는 친근함이 배어난다.

또 때로는 젊은 사람들 속에서도 그런 매력을 본다. 아직 사회 초년생일 거라 생각했는데, 행사 준비 때 묵묵히 의자나 자료를 먼저 챙겨 두고, 피곤해 보이는 동료에게 커피 한 잔을 슬며시 건네는 후배. 회식 자리에 억지로 따라오는 게 아니라, 오히려 즐겁게 어울리고 노래방에서

7080 세대가 즐겨 부르던 노래를 당당히 선곡하는 의외의 모습. 자기 앞가림만으로도 벅찰 나이일 텐데, 오히려 주변을 먼저 살피는 그 마음에서 단단함이 느껴진다.

이렇게 적어 내려가다 보니, 마치 완벽한 사람의 조건을 나열해 놓은 듯하다. 물론 나 역시 그중 어느 하나도 온전히 닮지 못했다. 하지만 이 중 단 하나라도 느껴지는 순간이 있다면, 그 사람에게는 분명 세대를 넘어서는 매력이 있는 것 같다.

곰곰이 생각해 보면, 매력이란 세대가 규정해 주는 것이 아닌 듯하다. 오히려 서로의 감각을 존중하고, 다른 세대의 결까지 자연스레 품어내는 데서 피어나는 것 같다. 그래서 나는 나이 그 자체보다는, 그 마음의 결이 어떤지를 먼저 보게 된다. 오래 남는 기억은 결국 세대의 이름이 아니라, 사람의 태도에서 비롯된다는 것을 조금씩 배워 간다.

사랑은 수리 중

사랑을 떠올리면 '완성'이라는 단어가 함께 따라온다. 누군가에게 설레고, 고백을 하고, 서로의 마음을 확인한 뒤에야 비로소 하나의 아름다운 결말에 도달하는 이야기. 우리는 흔히 사랑을 그런 완성의 형태로 기억하고 상상한다. 그러나 사랑은 완성되는 감정이라기보다는, 끝없이 조율되고 수리되는 관계에 더 가까운 것 같다. 처음엔 그저 '좋아한다'는 마음 하나로 충분할 것 같지만, 시간이 지나면 그 마음도 관리가 필요하다. 말투에 상처받고, 생각이 어긋나고, 그 틈을 메우기 위해 서툰 농담을 건네며 애쓴다. 사랑은 그렇게 다듬어지고 손보아지는 감정이다.

우린 흔히 사랑을 운명이라거나, 감정의 총합이라 말하지만, 나는 조금 다르게 말하고 싶다. 사랑은 감정보다 '호흡'에 가깝다고. 서로 다른 리듬으로 살아가는 두 사람이 함께 숨을 고르고, 때로는 박자를 놓치기도 하면서 맞춰 가는 일. 그래서 사랑은 언제나 '수리 중'이다. 한쪽이 삐뚤어지면 다른 쪽이 살짝 맞춰 주고, 한마디가 상처가 되면 또 다른 말이 그 상처를 덮는다. 그렇게 서로를 조금씩 고쳐 쓰며, 평생의 애프터서비스를 이어 가는 일. 다만, 시작 전에 수리비가 얼마나 들지 예상하지 못할 뿐이다.

그러기에 사랑은 늘 조금은 어긋나 있고, 그 어긋남을 손보며 함께 살아가는 일이다. 그 불안정함이 때로는 귀찮고 힘들지만, 어쩌면 바로 그 덕분에 사랑은 여전히 살아 있는 감정으로 남는 것 같다. 모든 걸 다 이해하고 포용할 순 없기에, 우리는 서로에게 여전히 배워야 할 것이 남아

하루가 툭, 말을 걸었다

있다.

그리고 어쩌면 나는, 그런 미완성의 사람이다. 누군가를 온전히 사랑하고 싶으면서도 언제든 서툴게 엉키고, 어쩌면 이별할지도 모르는 사람. 그 미숙함이 부끄럽기도 하지만, 아직도 익혀 가는 중이다.

완벽하지 않다는 건 도망치기 위한 핑계가 아니라, 계속 배워 가고 있다는 증거라는 걸. 사랑은 그렇게, 나 자신을 고쳐 나가는 일인지도 모른다.

닿지 못한 말

우린 참 오래 서로를 잘 안다고 믿었다. 말하지 않아도 다 알 거라 생각했고, 그 믿음이 편안함처럼 느껴지던 시절도 있었다.

하지만 언젠가부터 이상했다. 그가 내 이야기를 들을 때마다 고개를 끄덕이는데, 그 고개의 끄덕임이 내 말보다 빨리 끝나는 것 같았다. 그 작은 속도가, 우리 사이의 틈이었다는 걸 나중에서야 알았다.

회식 자리 한 켠, 웃음소리가 번지는 사이. 우린 조용히 잔을 비워 내고 있었다. 예전엔 서로의 잔을 먼저 채우곤 했는데, 이제는 술병만이 우리 사이를 지키고 있었다. 그날 따라, 비어 있는 잔이 유난히 오래 머물렀다.

회의실에 들어갔을 때, 아직 다른 사람들은 오지 않았다. 예전 같으면 아무 말 없이도 웃음이 오갔을 텐데, 그날의 우리는 각자의 휴대폰 화면을 바라보고 있었다. 그 침묵이 편안함인지 거리감인지, 그때부터 어쩐지 마음의 결이 달라지고 있음을 느꼈다.

사람 사이에는 말로 채워야 하는 간격이 있다. 침묵이 다정했던 시절이 지나면, 그 침묵은 종종 오해의 모양을 닮는다. 그리고 나중에서야 깨닫는다. 진심은 언젠가 말을 필요로 한다는 걸. 그리고 그 말을 꺼내는 건 용기를 내는 일이 아니라, 상대의 마음을 돌보는 일이라는 걸.

하루가 톡, 말을 걸었다

그러다 문득 그런 생각이 든다. 그때, 그 한마디만 먼저 꺼냈더라면 우린 여전히 예전처럼 자연스럽게 웃을 수 있었을까. 아니면 어쩌면, 우린 그렇게 조금씩 멀어질 수밖에 없는 시간을 그저 그렇게 지나고 있었던 걸까.

말하지 못한 순간이 아쉽지만, 돌이켜보면 그 망설임조차 우리 관계의 한 장면이었는지도 모르겠다.

상대성

너는 누군가에겐 오래된 연인이지만
다른 누군가에겐 가슴 설레는 인연일 수도 있겠지.

상처 주지 않으려 건넨 너의 작은 배려는
때론 날카로운 오해로 되돌아왔고,
그저 너를 위해 기다렸던 순간들은
어느새 무관심으로 비쳐졌으며,
자신감을 주고 싶어 몰래 돕던 마음은
오히려 너의 자존심을 건드렸지.

네 일에 힘이 되고 싶어 조심스레 전한 말들이
배려보단 간섭으로 들렸고,
네 곁에 머무르려 일부러 둔 그 거리감은
결국 마음이 멀어지는 이유가 되었어.

내게는 아련한 추억으로 남은 그 공간이
너에겐 사랑을 증명하려 애썼던 자리였을지도 몰라.

이렇게 같은 순간을 살아도,
우리가 기억하는 방식은 늘 다르기에,
오랜 시간이 흘러도
서로의 진심은 엇갈린 채 남는 걸까.

하루가 툭, 말을 걸었다

3장. 가족, 그 따뜻하고 아픈 이름

돌아갈 곳이 있다는 것, 기다리는 사람이 있다는 것. 가족이라는 이름이
주는 따뜻함과 그리움에 대하여.

아빠와 자전거

나는 작은 시골 마을에서 어린 시절을 보냈다. 마을을 지나는 자동차는 하루에 손에 꼽을 정도였고, 자전거조차 귀하던 시절이었다. 아버지는 묵직하고 네모난 뒷좌석이 달린 자전거를 타고 미군부대까지 출퇴근하셨다. 그 자전거의 체인은 늘 약간의 기름 냄새를 풍겼고, 퇴근길이면 그 냄새와 함께 아버지의 땀 냄새, 흙먼지 냄새가 뒤섞여 마을 입구로 들어왔다.

가끔은 아버지 자전거 뒤에 올라타곤 했다. 혹시라도 떨어질까 싶어 아버지의 허리를 꼭 끌어안으면, 따뜻한 온기가 팔 안 가득 전해졌다. 바람은 얼굴을 스치고, 나는 그 속에서 세상을 다 가진 듯한 기분이 들었다. 그 등에 업혀 달리던 시간은, 작고 고요한 마을을 잠시나마 세상에서 가장 넓은 놀이터로 만들어 주었다. 그때는 몰랐다. 그 순간이 내 어린 날의 행복이자, 평생을 지탱할 기억이 될 줄은.

젊은 시절의 아버지는 말수가 적고, 사랑한다는 말을 입 밖에 내는 법이 거의 없었다. 대신 묵묵히 일을 마치고 돌아와 자전거를 세워 두고 흙 마당 위에서 손수건으로 이마의 땀을 닦는 그 모습이 그분의 언어였다는 걸, 이제는 안다. 아버지의 눈빛과 손끝, 그리고 그 자전거의 철제 프레임 속에는 말보다 진한 마음이 들어 있었다.

시간이 흘러, 나는 어느새 혼자 자전거를 탈 줄 아는 아이가 되었다. 그날 이후 아버지 자전거 뒤에 앉던 기억은 점점 희미해졌지만, 그때 느껐던 든든함은 여전히 내 마음 한편에 단단히 남아 있다.

어른이 된 지금도 가끔 거리에서 아빠의 허리에 팔을 두르고 자전거를 타는 아이를 볼 때면 그 시절의 내가 불쑥 떠오른다. 그리고 문득 깨닫는다. 아버지의 그 자전거는 멈췄지만, 그 자전거를 함께 타던 마음은 여전히 내 안에서 달리고 있다는 걸.

아버지의 자전거는 내 삶의 첫 번째 속도였다. 느리지만 단단했고, 조용하지만 확실했다. 세월이 많이 흘렀지만, 그때 내 품에 닿았던 온기만큼은 지금도 나를 앞으로 나아가게 하는 보이지 않는 페달이 되어 있다.

엄마의 용돈

어릴 적, 엄마에게 백 원만 받아도 세상을 다 가진 것처럼 기뻐하던 시절이 있었다. 오락실에서 게임 두 판을 할 수 있는 금액이었으니까. 하지만 시간이 흐르면서 집안 형편은 점점 어려워졌고, 필요한 돈도 많아졌다. 그럼에도 엄마는 어떻게든 월요일이 되면 준비해 둔 용돈을 내 손에 꼭 쥐여 주셨다. 사기를 당한 뒤엔 살림이 더 빠듯해졌고, 설상가상으로 아버지까지 병을 앓으셨다. 그 때문에 엄마는 내게 넉넉히 용돈을 주지 못하는 걸 늘 마음 아파하셨다. 힘겹게 번 돈이었지만, 그래도 10년 넘게 혼자 살림을 꾸려 가며 자식에게 용돈을 줄 수 있었다는 사실에 엄마는 마음 한 켠 작은 보람을 느끼셨을 것이다.

졸업 후, 나는 돈을 벌기 시작했고 집안의 가장은 나로 바뀌었다. 그즈음 엄마는 연세가 들어 더 이상 일정한 수입을 갖고 계시지 않았고, 그 뒤로 용돈을 드리는 건 나의 몫이었기에 그 상황이 너무 자연스러웠다.

어느 날, 노인 연금이 나왔을 때였다. 엄마는 내가 드린 돈이 아닌, 당신이 '번' 그 연금에서 "점심 차려 준 값"이라며 5만 원을 꺼내 주셨다. 나는 그 돈을 엄마 자신을 위해, 맛있는 음식 한 번이라도 더 드시기를 바랐지만 잠깐의 생각 뒤 기쁜 척 웃으며 받았다.

"와… 이거 얼마 만에 받는 용돈이야?"
"용돈 받으니까 기분 좋은데?"
"이걸로 뭐 할까?"

하루가 톡, 말을 걸었다

어릴 적, 용돈을 쥐어 주시던 순간처럼 기뻐하는 내 모습을 보고 싶으셨을까. 그래서인지 나도 모르게 조금은 과하게 웃고, 장난스럽게 반응했다. 엄마는 "뭐가 그리 좋냐며, 더 줄까?" 하시며 웃으셨고, 나는 아이처럼 "다음에 주세요" 하며 응석을 부렸다.

그 순간, 나는 엄마가 느꼈을 그 마음을 조금은 헤아릴 수 있었다. 그리고 오래전 내가 그러했듯, 이번엔 내가 엄마에게 그 설렘을 되돌려 드리고 싶었다.

많이 먹어

부모님은 결혼한 지 10여 년 만에 첫째 누나를 낳으셨다. 그만큼 또래보다 조금 늦게 부모가 되신 셈이다. 그중에서도 어머니는 타고난 유머 감각과 세대를 넘나드는 말솜씨, 외향적인 성격까지 더해져 젊은 세대와도 자연스럽게 어울리고 마음을 터놓는 분이셨다.

지인들 중에는 어릴 적부터 우리 집에 드나들던 인연도 있지만, 지금도 나를 찾기보다 어머니와 술 한잔하러 들르는 친구나 선배도 있을 정도다. 엄마는 특히 누나들과 참 사이가 좋았다. 주말 밤이면 거실에 나란히 누워 새벽까지 이야기를 나누는 건 익숙한 풍경이었고, 술자리에서는 몇 시간을 앉아 있어도 대화가 끝날 줄 몰랐다.

그랬던 어머니가 언제부턴가 조금씩 말수가 줄기 시작하셨다. 함께 둘러앉은 식사 자리에서도 들려오는 말이라고는 "갈비 좀 먹어라", "이 나물도 먹어 봐라", "저 반찬 덜어 줄까?" 흔히 할머니들이 자주 하시는, 그런 짧고 익숙한 말들만 반복될 뿐이었다.

"아, 먹는다니까요."
"손 닿는다구요."
"배불러서 더 못 먹어요."
"한두 번 말씀하시면 됐잖아요. 이제 그만 좀요…"

우리는 그런 어머니께 짜증을 내기도 했다. 그러면서도 예전처럼 대화의 중심에 계시던 모습이 점점 사라지는 것 같아, 어딘지 모르게 서운하고 안타까운 마음이 들기도 했다.

시간이 지나면서 우리와 어머니의 관심사는 조금씩 달라졌고, 서로의 이야기를 놓치게 되는 시간이 길어졌다. 어머니는 점점 우리 대화에 끼어들기 어려워졌고, 귀도 잘 들리지 않다 보니 굳이 애써 함께하려 하지 않으셨다.

어쩌면 우리도 그 틈을 더 넓히고 있었는지 모른다. 우리가 하는 이야기는 어머니에게 낯설고, 어머니가 하시는 이야기는 대부분 들어 본 내용이었으니까.

결국 어머니가 우리와 함께 있을 때 할 수 있는 말은 "많이 먹어라", "반찬 더 줄까?" 같은 말뿐이었다. 그러니까 그건, 어머니가 우리와 연결될 수 있는 거의 유일한 방식이었는지도 모른다.

슬리퍼 하나, 마음 하나

예전엔 화장실만 다녀오면 슬리퍼 방향을 두고 아버지와 종종 실랑이를 벌이곤 했다. 아버지는 늘 이렇게 말씀하셨다.

"다음에 화장실 들어가는 사람이 편하도록, 슬리퍼는 방향 맞춰서 돌려 놓고 나와야지."

그러면 나는 이렇게 대꾸했다.
"그렇게 하면 들어갈 땐 편하지만 나올 땐 몸을 돌려야 하잖아요. 어차피 한 번은 편하고 한 번은 불편한 건데, 굳이 그래야 해요?"

그땐 서로의 방식 중 뭐가 더 나은지만 따져 보면 되는 일이라 여겼다. 아버지 방식도, 내 방식도 나름의 이유는 있었으니까. 아버지 말씀대로면 들어갈 땐 편하고 나올 땐 불편하고, 내 방식대로면 그 반대였다.

그로부터 시간이 꽤 흐른 어느 날, 문득 그런 생각이 들었다. 별거 아닌 이야기였지만 곱씹어 보면 공평한 얘기는 아니었다. 나는 늘 아버지가 방향 맞춰 둔 슬리퍼를 신고 편하게 들어갔지만, 나올 땐 그대로 두고 나왔으니까. 결국 불편을 감수한 건 아버지였고, 나는 그 배려에 기대고 있었던 셈이다. 그 사실을 깨닫고 나니 작은 일조차 챙기지 못했던 마음이 오래도록 미안함으로 남는다.

이제 와 돌아보면, 아버지의 말은 단순히 슬리퍼 이야기가 아니었던 것 같다. 생활 속 작은 습관에 담긴 마음, 그것이 진짜 배려였음을 뒤늦게 알게 된다.

배려는, 때로 슬리퍼 방향처럼 아무 말 없이 마음을 보여 주는 방법이었다. 언젠가 나도, 아버지처럼 누군가의 불편을 조용히 대신 짊어질 수 있는 어른이 될 수 있을까.

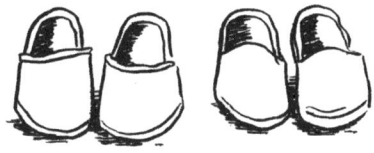

되돌아온 상품권

어렸을 적 이야기다. 그 시절에는 졸업이나 결혼 같은 경사에 구두 상품권을 선물하는 풍경이 흔했다. 둘째 누나가 고등학교를 졸업하던 날, 누나는 구두 상품권을 선물받았다. 하지만 누나는 상품권으로 본인의 구두를 사는 대신 그것을 아버지께 드렸다. 나는 구두에는 관심이 없던 나이였지만, 빳빳한 종이의 감촉이 신기해 만지작거리다 그만 옆에 있던 코코아를 흘려 작은 얼룩을 내고 말았다. 혼날까 두려워 황급히 봉투에 넣어 두고는, 그대로 잊고 지냈다.

몇 해 뒤, 막내 누나의 졸업식 날이었다. 축하 선물들 가운데에도 구두 상품권이 있었다. 무심코 봉투를 열어 본 나는 눈을 의심했다. 낯익은 얼룩이 그곳에 남아 있었기 때문이다. 몇 년 전 내가 흘려 버린 그 코코아 자국 말이다. 사정을 알고 보니, 둘째 누나가 아버지께 드린 상품권은 얼마 되지 않아 외삼촌 댁의 경사 자리에 다시 선물로 건네졌고, 몇 해 뒤 그것은 뜻밖에도 막내 누나의 선물이 되어 돌아왔던 것이다. 아마 삼촌도, 막내 누나에게 준 그 상품권이 오래전에 아버지에게서 건너온 것이라는 사실을 알지 못하셨을 것이다.

우리는 그 이야기를 나누며 한참을 웃었다. 그러나 웃음이 가라앉고 나니, 마음속에는 왠지 모를 애잔함이 남았다. 구두 하나 사는 일조차 쉽지 않던 시절, 그때의 상품권은 단순히 구두를 살 수 있는 종이가 아니라, 넉넉지 않은 살림살이 속에서도 서로의 마음을 나누는 방식이었을 것이다.

하루가 툭, 말을 걸었다

그 시절의 상품권은, 당장 손에 쥘 돈은 없어도 필요할 때면 언제든 꺼내 쓸 수 있는, 삶 속 작은 보험 같은 존재였는지 모른다.

지금은 우리 집도 친척들도 전보다 형편이 훨씬 나아졌지만, 예전처럼 자주 어울리지는 못한다. 물론 나이가 들면서 각자의 삶이 바빠진 탓도 있겠지만, 문득 생각해 보면 여유롭지 못했던 그 시절에 우리는 더 자주 모였던 것 같다. 서로의 집을 오가며 크고 작은 일들을 함께 나누고, 없는 살림에도 조금씩 보태며.

그때는 몰랐지만, 어쩌면 넉넉하지 않았기에 더 기댈 곳이 필요했고, 그렇게 자연스레 가까워졌던 건 아니었을까. 그래서일까, 그 시절의 정은 오히려 더 따뜻하게 마음속에 남아 있다.

돌이켜 보면, 때로는 부족함이 사람을 더 가깝게 만들기도 하는 모양이다.

어둠 속의 작은 모험

초등학교 입학을 앞둔 어느 해, 엄마와 함께 외갓집을 다녀오는 길이었다. 해가 저물 무렵, 아직 교통편이 열악하던 80년대의 시골길은 점점 더 어둠에 잠기고 있었다. 집은 읍내에서 다시 한참을 들어가야 닿을 수 있는 작은 마을에 있었는데, 어디쯤이었는지 정확히 기억은 나지 않지만, 서울과 집의 중간 무렵에서 버스가 끊겨 버렸다.

그 시절에는 도착 시각을 알려주는 전광판도, 버스 운행을 확인할 휴대전화도 없었기에 그냥 한참을 기다려도 오지 않으면, 오늘은 여기까지라는 사실을 받아들이는 수밖에 없었다. 엄마와 나는 30분이 넘도록 길가에서 서성이다가, 결국 북쪽을 향하는 아무 버스나 잡아타기로 했다. 기사님께 사정을 말씀드린 뒤, 그나마 집과 가까운 곳에서 내렸지만, 내릴수록 어둠은 짙어지고 길은 더 낯설어졌다.

우리는 또다시 버스를 기다렸다. 택시라도 있었다면 좋았을 테지만, 그 시절 그 지역에서 택시는 사치에 가까운 존재였다. 돌이켜 보면, 당시 마흔을 넘긴 엄마도 모르는 것이 많으셨을 것이다. 어디 먼 데를 다녀 보신 경험도 많지 않았을 테니, 이 낯선 길 앞에서 당황스러움과 두려움을 느끼지 않으셨을 리 없다. 그런데도 어린 나에게 엄마는 언제나 모든 걸 알고 있는 사람처럼 보였다.

지금 생각해 보면, 엄마도 홀로였다면 훨씬 더 막막했을 것이다. 어리지만 내가 곁에 있었기에, 그 길고 어두운 기다림이 조금은 덜 외롭지

하루가 톡, 말을 걸었다

않으셨을까.

한참이 흐른 뒤, 저 멀리서 불빛 하나가 서서히 가까워졌다. 버스였다. 어디로 가는지 행선지도 제대로 보이지 않았지만, 우리는 일단 올라타 보기로 했다. 다행히 그 버스는 집으로 가는 버스였고, 우리는 마침내 안도의 숨을 내쉴 수 있었다.

그날 이후로도 수없이 많은 밤길을 걸었지만, 그때처럼 또렷하게 기억에 남은 어둠은 없다. 아마 그건 단순한 두려움의 기억이 아니라, 세상이라는 낯선 길을 처음 함께 건너던 순간이었기 때문일 것이다. 작은 불빛 하나에도 마음이 놓이고, 누군가의 손을 꼭 잡는 일만으로도 용기가 생기던 시절.

어린 시절의 그날은 지금도 아련히 떠오른다. 낯선 어둠 속이었지만, 엄마와 함께 걷던 그 시간은 내겐 작은 모험으로 남아 있다. 두려움 한가운데서도 곁에 누군가 있다는 사실만으로 마음이 놓일 수 있다는 걸, 그때 처음 배운 듯하다.

홍콩 영화 그리고 추억

출근길 아침, 랜덤으로 흘러나오던 음악 사이로 오랜만에 장국영의 《영웅본색》 OST가 들려왔다. 순간, 아련한 추억이 떠오르며 기억은 자연스레 90년대 초반, 홍콩 영화를 즐겨 보던 시절로 흘러간다. 어떤 노래든 저마다의 추억이 얽혀 있기 마련이지만, 내게 90년대 홍콩 노래는 중학교 시절, 가족과 옹기종기 앉아 영화를 보던 장면을 떠올리게 한다.

다른 집보다 조금 늦게 들인 비디오 플레이어는 우리 가족에겐 신세계였다. 소문으로 듣기만 했던 영화들을 드디어 볼 수 있게 되었고, 그제야 아버지가 007 시리즈 매니아라는 사실도 알게 됐다. 1,500원짜리 비디오테이프를 빌리기 위해 누나들과 500원씩 모아 기대감에 잔뜩 부풀어 영화를 보던 날들. 홍콩 영화는 네 글자 제목이 많아 서로 비슷비슷했는데, 그 탓에 이미 감상한 영화를 또 빌려 오기도 했다. 몇 시간이 지나서야 뒤늦게 눈치챘지만, 결국 바꿔오지 못해 꾸중을 들었던 기억. 구간 반복을 하던 중 테이프가 비디오 안에서 꼬여 버려 15,000원을 변상해야 하는 줄 알고 식은땀을 흘린 순간도 있었다.

직장 다니느라 밤늦게 들어오는 누나들을 위해 드라마를 녹화해 두고, 주말이면 다 함께 둘러앉아 시청하던 시간들. 그때는 당연한 일상이라 여겼던 그 순간들이, 지금 생각해 보니 얼마나 소중했던지 모른다.

어느 순간부터 우리는 각자의 삶에 바빠졌다. 학업, 취업, 연애, 결혼. 저마다의 이유로 함께 모이는 시간이 줄어들었고, 설령 모인다 해도 예

하루가 톡, 말을 걸었다

전처럼 몇 시간씩 나란히 앉아 영화를 보는 일은 거의 없어졌다.

요즘 나는 친구들과의 만남이나 직장 동료들과의 시간에 더 많은 에너지를 쏟고 있다. 가족은 늘 그 자리에 있을 거라는 막연한 믿음 때문일까. 아니면 굳이 챙기지 않아도 될 만큼 안전한 관계라고 여기기 때문일까.

하지만 장국영의 목소리가 들려온 이 아침, 문득 생각한다. 내가 지금까지 쌓아 온 모든 인간관계의 밑바탕에는 그 시절 가족과 함께 나눈 웃음과 대화, 그리고 서로를 배려하는 작은 행동들이 자리하고 있다는 것을.

오랜 시간, 나도 모르게 친구와 동료들이 우선이었던 나날들. 그런데 오늘은 왠지, 오래된 테이프처럼 선명하게 되살아나는 누나들과의 기억이 그리워진다. 그 시절 함께 웃고 떠들던 작은 장면들이, 지금 내 마음을 따뜻하게 덮어 준다.

마음의 할머니

나에겐 세 분의 할머니가 있었다. 친할머니, 외할머니, 그리고 마음의 할머니. 내가 그분을 '할머니'라 부르기 시작한 건 어린 시절이었다. 어느 날부터인가 집안일을 도와주시며 자연스레 우리 집에 드나들었고, 그때부터 나의 일상에도 깊이 스며들었다. 고향이 북한이었던 할머니는, 남쪽에 잠시 머무르던 중 전쟁이 터져 가족과 이산가족이 된 사연을 종종 들려주셨다. 어린 나에게는 이해하기 어려웠지만, 할머니의 얼굴에 스친 그늘은 오래도록 기억에 남아 있다.

1980년대, 지금도 쉽지 않은 60대 여성이 일자리를 구하는 일이 그때는 얼마나 더 벅찼을까. 할머니는 바느질, 빨래, 집안일을 가리지 않고 해내며 홀로 아들을 키우셨다. 부모님은 집안 형편이 넉넉한 편은 아니었지만 할머니께 소일거리를 드렸고, 저녁 밥상에는 늘 할머니와 그 아들 몫의 숟가락이 더 놓였다. 그 단출한 한 숟가락의 자리가 할머니께는 큰 위로였는지, 훗날 우리 가족과 함께했던 그 저녁 시간을 부모님께 가장 고마운 기억으로 말씀하시곤 했다. 세월이 흘러 우리 집 형편이 어려워졌을 때, 이번엔 할머니가 부모님을 도우셨다. 아무 조건도 없이 내어주신 돈은, 다름 아닌 할머니가 오랜 세월 손끝으로 모아온, 생명과도 같은 전 재산이었다.

친할머니와 외할머니 모두 내가 어릴 때 돌아가셨기에, 나의 유년 시절은 바로 옆집에 살던 마음의 할머니와 함께한 시간이 대부분이었다. 아홉 살 무렵 읍내로 이사 간 후에도 인연은 끊어지지 않았다. 서울과

하루가 톡, 말을 걸었다

일산으로 거처를 옮기신 뒤에도, 엄마와 나는 해마다 몇 번씩 찾아뵈었다. 손자 둘을 두셨지만, 나를 친손자처럼 반겨주셨고, 늘 꼬깃꼬깃 접어 둔 쌈짓돈을 모아 두셨다가 내 손에 쥐어 주셨다. 그 애정은 누구의 것보다도 크고 넉넉했다.

그러던 어느 날, 고등학생이 된 나는 뜻밖의 사실을 알게 되었다. 할머니와 함께 살고 있던 '아들'은 사실 친아들이 아니었다는 것이다. 전쟁 후 정식 결혼식도 없이 한 남자와 가정을 꾸렸는데, 그에게는 이미 아들이 있었다. 그러나 남편은 불의의 사고로 세상을 떠났고, 할머니는 친아들처럼 그 아이를 키우며 평생을 살아오신 것이었다.

할머니는 다리가 불편해 오래 걷지 못하셨지만, 이산가족 찾기 방송이 시작되면 힘겹게 TV 앞으로 다가가 화면 속 얼굴들을 한참이나 바라보며 혹시나 가족의 모습이 있을까 기대하시곤 했다. 그러나 화면은 너무도 빨리 지나가 버렸고, 몇 차례 방송이 이어졌음에도 끝내 가족을 다시 만날 수 없었다. 그럴 때마다 할머니 곁에는 늘 깊은 아쉬움과 지워지지 않는 그리움만이 남았다.

엄밀히 말하자면, 남한에는 할머니의 혈육이 없었다. 나 역시 혈연으로 이어진 손자는 아니었지만, 서른을 앞둘 때까지 할머니와의 인연은 끈끈히 이어졌다. 찾아가 뵐 때마다 할머니는 언제나 친손주처럼 나를 품에 안아 주셨고, 손 가득 먹을 것을 챙겨 주며 내가 맛있게 먹는 모습을 흐뭇하게 바라보셨다. 그 따뜻한 눈길과 품속의 온기 덕분에, 나는 부족함 없는 손주로 자라날 수 있었다. 그래서일까, 지금도 나는 믿는다. 할머니께도 나는 분명 '손자'였으리라.

오랫동안 나는 '피를 나누지 않으면 가족일 수 없다'고 생각했다. 하지만 할머니를 떠올리면 그 생각은 흔들린다. 피보다 더 깊고 따뜻한 인연이 가족이 될 수 있다는 사실을, 나는 이미 경험했으니 말이다.

할머니가 60세 되던 해 나를 만났듯, 어쩌면, 나 또한 혈연이 아니어도 진심으로 가족이 될 수 있는 인연을 언젠가 만나게 되지 않을까.

하루가 툭, 말을 걸었다

인생의 선물

어린 시절, 아버지는 내게 참 다정한 분이셨다. 형편이 넉넉하지 않아 교외로 여행을 가 본 적은 거의 없지만, 일상 속에서 많은 시간을 함께 보내며 나와 잘 놀아 주셨다. 막내이자 늦둥이 아들이었던 나는 유독 더 많은 사랑을 받았던 것 같다. 나 역시 말썽을 부리는 아이는 아니었기에, 내가 원하는 대부분의 것들은 아버지께서 기꺼이 들어주셨다. 하지만 몇 가지는 아버지의 뜻대로 단호하게 이끌어 가셨던 기억이 있다.

그 첫 번째가 태권도 도장이다. 누나들이 많았던 우리 집에서, 아버지는 내가 조금 여리고 씩씩하지 못하다고 생각하셨던 듯하다. 초등학교 3학년 때 처음 태권도장에 가는 것이 낯설고 무섭게 느껴져 싫다고 떼를 썼지만, 결국 2년 동안 꾸준히 다니며 친구도 사귀고 형, 동생들과 어울리는 재미에 빠졌다. 대련을 통해 용기를 얻었고, 2품을 따면서 세상을 향한 내 안의 두려움이 조금씩 사라졌다.

또 하나는 영어학원이다. 초등학교 6학년 때 컴퓨터 학원에 다니며 한창 재미를 붙이고 있었는데, 아버지는 중학교 입학을 앞두고 나를 영어학원에 보내셨다. 두 학원 모두 다닐 수 있었다면 좋았겠지만, 당시 형편상 더는 조를 수 없었다. 그런데 영어 선생님이 참 재미있게 수업을 해 주셨고, 학원 친구들과도 금세 친해졌다. 그때부터 영어는 나에게 공부가 아니라 재미있는 놀이처럼 느껴졌고, 고등학교 시절까지 가장 좋아하는 과목으로 남았다. 이후 인생의 여러 갈림길에서 영어 덕분에 얻은 기회들이 적지 않아, 지금도 영어는 고마운 존재로 남아 있다.

그리고 마지막, 가장 깊이 남은 것은 '고향'이다. 초등학교 고학년 무렵, 서울로 유학을 가는 것이 유행처럼 번지던 시절이었다. 가깝게 지내던 친구 두 명은 친척 집에서 생활하며 서울에서 공부하기 시작했고, 다른 반 친구들 중에도 서울 유학을 간 아이들이 하나둘 생겼다. 나도 삼촌 댁에서 지내며 공부하고 싶다며 몇 달을 졸랐지만, 아버지는 단호히 고개를 저으셨다.

고등학교 진학을 앞두고도, 당시 동네에서 멀지만 소위 잘나간다는 고등학교에 가고 싶어 했지만, 아버지는 그때도 허락하지 않으셨다. 그저 이렇게 말씀하셨다. "너에게 고향을 만들어 주고 싶다."

그땐 그 말이 무슨 뜻인지 잘 몰랐다. 하지만 성인이 되어 세상에 본격적으로 발을 들이면서, 그 뜻을 조금은 알 것 같았다. 형제들은 부모님이 살아 계실 때는 자연스럽게 모인다. 명절이든 생신이든, 함께할 명분이 있기 때문이다. 하지만 부모님이 돌아가신 뒤엔 그 명분이 사라지고, 모임도 점점 뜸해진다. 그래서 아버지께서는 살아 계실 때, 막내아들을 얻은 뒤 누나들에게 이렇게 말씀하셨다고 한다.
"이제 너희가 마음 편히 모일 친정이 생겼다."

그때 비로소 깨달았다. '고향을 만들어 준다'는 건, 단지 내가 자랄 공간을 의미한 게 아니었다. 언젠가 세상이 흩어지게 만들어도 다시 돌아올 마음의 자리를 만들어 주겠다는 뜻이었다. 오랜 친구들과 일상을 나누고 함께 나이 들어 간다는 건, 그런 명분 없이도 자연스레 모일 수 있는 관계를 갖는다는 의미였다. 그리고 그것이 얼마나 큰 힘이 되는지를.

물론 인생은 두 갈래 길을 동시에 걸을 수 없기에, 그때 내 뜻대로 살았다면 지금보다 더 나은 삶이었을지도 모른다. 그럼에도 나는 아버지께서 내려 주신 그 선택들을 존중하고, 지금의 내 삶에 만족한다. 그래서 나는 아버지의 그 선택들을, 내 인생의 '선물'이라 부른다. 그리고 그 선물은 여전히 내 안에서 조용히 자라고 있다.

That season once more

내가 태어난 작은 시골 마을은, 어머니와 아버지가 결혼 생활을 시작했던 곳이기도 하다. 시골이었지만, 그땐 지금과 달리 생기가 넘쳤고 젊은 사람도, 아이들도 많았다. 어머니와 동갑인 분들도 꽤 많이 계셨는데 내 기억 속 어머니와 친구분들은 늘 깔깔 웃으셨고, 거의 매일 보면서도 할 얘기가 참 많아 보였다. 목소리도 모두 커서, 저 멀리서부터 우리 집으로 오시는 게 다 들릴 정도였다. 80년대 전원일기 드라마 속 한 장면처럼, 이웃들은 노크도 없이 서로의 집을 오가며 발걸음을 섞었고, 김장을 함께 담그시거나 겨울날이면 방 안에 모여 따뜻한 이불 속에 손을 넣은 채 도란도란 이야기를 나누곤 했다. 누가 먼저랄 것도 없이 함께 기뻐하고 함께 슬퍼해 주던 시간들. 모두 여덟, 아홉 살 무렵까지 내가 살아온 마을에서 자연스레 이어지던 익숙한 풍경들이었다.

어머니가 여든이 되던 해, 돌아가시기 전 꼭 한 번 그 마을에 가 보고 싶다고 하셨다. 여전히 많은 분들이 그곳에 계셨지만, 그동안 병환이나 소식이 닿지 않아 참석하지 못했던 경조사들을 챙기고 싶으셨던 듯하다. 그렇게 도시로 이사 나온 지 10여 년 만에 다시 찾은 마을 노인정에 들어섰을 때, 어머니의 친구분들은 아무도 계시지 않았다. 한참 뒤, 연락을 받은 한 분이 30분쯤 지나서야 천천히 모습을 드러내셨다.

두 분은 만나자마자 반가움에 껴안고 우셨고, 몇 년 사이 더 늙어 버린 서로의 모습에 안쓰러워 다시 한번 눈물을 흘리셨다. 허리가 반쯤 굽고, 머리숱이 적어 모자를 눌러쓰고, 지팡이에 의지해 힘겹게 걸어오신

하루가 툭, 말을 걸었다

친구분. 예전의 또렷하고 맑던 목소리는 기운이 빠져 겨우 들릴 정도였고 반갑다며 계속 무언가를 말씀하셨지만, 어머니는 귀가 잘 들리지 않아 그 작은 목소리를 알아듣지 못하셨다. 서로 안부를 주고받고 싶어도, 주변의 통역 없이는 그마저도 쉽지 않은 상황이 되어 버렸다.

두 분은 마주 앉아 잠시 동안 지난 세월을 쫓듯 이야기를 나누셨지만, 몸과 귀가 예전 같지 않아 대화는 오래 이어지지 못했다. 아쉽지만 오래 머물 수 없어, 결국 짧은 만남만으로 작별을 고해야 했다. 헤어지는 순간, 미처 나누지 못한 말들이 공기 속에 남아 있는 듯했다.

우리는 서너 시간 동안 어머니가 뵙고 싶어 하던 분들을 몇 분 더 찾아뵌 뒤 집으로 향했다. 세월이 흐르면 강산도 변하고 사람도 변한다지만, 어머니와 그 친구분들에게는 한때 함께 깔깔거리며 수다를 나누던 그 활기찬 날들이 얼마나 그리웠을까.

어머니의 나와바리

읍내에 살던 시절, 어머니와 함께 장에 나가면 장 보는 일보다 친구분들과의 이야기가 더 길었다. 짧게는 인사 한마디로 지나치기도 했지만, 때로는 상점 앞 탁자에 앉아 한참 동안 웃음과 수다를 나누셨다. 나는 그저 무거운 짐을 들어 드리러 따라나선 건데, 시간이 점점 길어지면 슬슬 투덜대기 시작했고, 눈짓으로 "이제 가자"며 신호를 보내기도 했다. 결국 손에 들고 있던 짐만 먼저 집에 가져다 놓고, 뒤도 안 돌아보며 친구들과 놀러 나가곤 했지만.

명절이 다가오면 어머니는 장터에서 더 활기가 넘치셨다. 북적이는 사람들 틈에서 자식 자랑도 하고, 안동네 소식도 나누고, 반지나 옷 같은 것의 출처를 묻고 답하며 이야깃거리를 끊임없이 풀어냈을 어머니. 전통시장 속에서 어머니는 단순한 손님이 아니라, 장터의 사람들과 정을 나누며 그 풍경 속에 녹아 계신 분이었다.

그리고 지금, 나는 어머니와 마트에서 카트를 끌며 추석 장을 보고 있다. 장은 훨씬 빠르게 끝나고, 공기는 덥지도 춥지도 않으며, 배달 덕분에 양손 무겁게 짐을 들고 걸어오는 수고도 줄었지만, 이상하게 마음 한 켠이 쓰리고 아팠다. 나에겐 편리함의 상징인 도시 생활이 어머니에겐 삶의 끝자락까지 낯설고 어색한 시간이 아닐까 싶어서.

돌이켜보면, 어머니가 가장 빛나던 자리는 언제나 사람 냄새 가득한 장마당이었다. 대형마트의 반듯한 진열대와 조용한 통로로는 결코 대

하루가 툭, 말을 걸었다

신할 수 없는 풍경들 말이다.

도시로 함께 이사 나올 때만 해도 몰랐다. 아니, 어쩌면… 어느 정도 짐작은 했지만, 내 욕심에 어머니가 금세 적응해 주시길 바랐던 것 같다.

그래서일까. 카트 옆에서 천천히 걸음을 맞추는 어머니를 바라보면, 문득 장터 한가운데에서 환히 웃던 그 시절의 모습이 눈앞에 겹쳐진다.

엄마의 공간

어머니는 버리는 것보다 모으는 걸 좋아하신다. 당장 쓰지 않더라도 언젠가는 쓸 날이 올 거라며 물건들을 하나둘 쌓아 두셨다. 반대로 나는, 그런 물건들이 집 안 곳곳에 자리를 차지하고 있는 게 늘 불만이었다. 3~4년 동안 한 번도 쓰지 않은 것이라면, 그건 그냥 짐이라고 생각했다. 그래서 틈날 때마다 하나씩 버리거나 필요한 사람에게 건넸다.

고향을 떠나 이사할 때, 어머니가 집을 비운 틈을 타 몰래 버린 물건들만 해도 1톤 트럭 한 대를 가득 채웠을 것이다. 방 하나, 베란다, 작은 창고까지… 거의 쓰지 않는 물건들로 가득했던 그 공간. 그리고 5년 뒤 또 이사하면서도 어머니 허락 없이 조용히 많은 것들을 정리했다. 어머니는 그런 내 행동을 무척 서운해하셨고, 다시는 마음대로 버리지 말라고 몇 번이고 말씀하셨지만, 나는 좁고 복잡한 공간이 싫었고 조금 지나면 어머니도 잊으실 거라 믿었다.

이번에 새로 이사 온 집에서 어머니 방과 작은 베란다 정리를 마쳤다. 그런데… 너무 내 마음대로 비워 버린 걸까. 어머니의 짐이라곤 필요한 옷 몇 벌과 자잘한 물건들뿐이었다. 정리를 끝내고 나니, 내가 너무 많이 비워 버린 건 아닌가 하는 미안함이 밀려왔다.

어느 날, 친구와 이사 이야기를 나누다 무심코 어머니 짐을 비워 냈던 일을 꺼내자 친구가 잠시 생각하더니 이렇게 말했다.

"그 찻잔은, 어머니에겐 아버지와 함께한 시간이었을 수도 있고, 그 항아리는 예전 이웃들과 김장하던 기억일 수도 있어. 우리가 어릴 때 함께 밥 먹던 그릇일 수도 있잖아."

친구의 말을 들으며, 그동안의 내 행동을 잠시 돌아보지 않을 수 없었다. 물건은 단순히 자리를 차지하는 게 아니라, 누군가에게는 기억을 붙잡는 이정표가 되고, 삶을 이어 주는 매듭이 되기도 한다는 걸. 내가 버린 건 단순한 짐이 아니라, 어머니의 이야기가 스민 흔적이었을지 모른다.

나는 그동안 너무 내 눈에만 기준을 맞춰 왔던 것 같다. 어머니의 공간에서, 어머니의 기억을 덜어 낼 자격이 정말 나에게 있었을까. 이제는 버리기보다 먼저 묻고, 들어야 한다는 걸 조금은 알 것 같다.

DNA

어머니와 아버지는 참 다른 분이다. 내 기억 속 아버지는 새벽형 인간이었다. 책과 신문을 즐겨 읽으시고, 쉬는 날이면 낮잠을 주무시며 음악을 들으셨다. 당구를 잘 치신다는 이야기는 들었지만 직접 본 적은 없었고, 물건 하나하나를 반듯하게 정리하는 모습에서 계획적이라는 말이 절로 떠올랐다. TV를 켜면 주로 야구 중계나 뉴스, 시사 프로그램을 보셨는데, 드라마만큼은 "지어낸 이야기"라며 아예 관심조차 두지 않으셨다.

반면 어머니는 거의 반대였다. 집에서는 병든 듯 누워 계시다가도, 바깥에만 나가면 언제 그랬냐는 듯 금세 기운을 되찾고 얼굴빛마저 달라지곤 하셨다. 잠자리가 어디든, 만나는 사람이 누구든 크게 신경 쓰지 않으셨고, 낯선 이와도 금세 마음을 트셨다. 게다가 슬프거나 안타까운 일 앞에서는 눈물이 먼저 차올라, 몇 초도 못 가 눈시울을 붉히곤 하는 감수성 깊은 분이었다.

어렸을 적 누나들과 나는 우리 가족이 모두 다른 성격을 가졌다고 생각했다. 너무 달라서 각자의 개성이 뚜렷하다고 여겼고, 일부 외모가 비슷한 점을 제외하면 정말 한 부모에서 나온 혈육이 맞나 싶을 정도였다.

사람의 성격은 한쪽 면만으로는 설명되지 않는다. 부모님의 성격도 예외는 아니었다. 어느 순간에는 긍정적으로 작용하지만, 때로는 아쉬움으로 남기도 한다. 아버지는 이성적이고 계획적이지만, 체면을 중시

하고 융통성이 부족해서 할아버지의 재산을 물려받거나 살면서 당신 몫을 챙길 일에는 세상일에 다소 서투르셨다. 사람들과 잘 어울리고 남을 잘 믿는 어머니는 마음을 쉽게 내어 준 탓에 사기를 당하는 일이 잦았다.

"나는 아버지와는 달라."
"나는 어머니처럼 사기당하며 살지는 않을 거야."

내 안에서 가끔은 외쳤던 말들. 하지만 그런 말들은 내가 충분히 어른이 되기 전 '관찰자'의 자리에 있었을 때 나오는 경우가 대부분이었다. 부모님을 바라보는 나, 세상을 잘 몰랐던 나, 아직은 선택하지 않은 나. 그런데 막상 부모님과 비슷한 환경, 비슷한 책임, 비슷한 고민 앞에 선 순간. 다르다고 믿었던 내가, 그러다 문득, 부모님과 닮은 말투와 표정으로 살아가고 있는 나를 발견하게 된다.

우리는 종종 '닮지 않겠다'는 다짐으로부터 시작해, 결국은 이해하게 되는 과정을 거친다. 어쩌면 다르다는 말은 다름을 증명하려던 게 아니라, 비슷한 삶을 살면서도 스스로를 놓치지 않으려는 작은 몸부림이었을지도 모른다.

그때의 그 모임

평소처럼 모임을 마치고 집으로 돌아오던 길이었다. 별다른 생각 없이 걷다가 그만 발을 헛디뎌 발목을 삐끗했다. 하필 예전에 크게 다쳤던 바로 그곳이었다. 익숙한 통증이 스며들 듯 밀려오자 불안이 먼저 앞섰다. 결국 회사에는 2주간 병가를 냈다. 마침 그 무렵, 말기암을 앓던 누나는 혼자서는 병원에 다닐 수 없을 만큼 기력이 약해져 있었다. 다른 가족들은 멀리 있거나 시간을 내기 어려워, 그때 누나 곁을 지킬 수 있는 사람은 나뿐이었다.

누나네 집은 차로 10분 거리였지만, 막상 내가 그곳을 찾은 적은 손에 꼽을 정도였다. 처음 이사했을 때 집들이, 그리고 간간이 물건을 가지러 간 몇 번의 방문이 전부였다. 어머니와 내가 함께 살았기에 누나가 우리 집을 찾는 건 자연스러웠지만, 내가 누나의 집을 드나드는 일은 조금은 낯설었다.

한쪽 발을 절뚝이며 누나를 부축하던 날들이 이어졌다. 병가 중이라 출근하지 못하는 게 마음에 걸렸지만, 그 시간 동안 나는 오히려 누나와 삶에 대해 많은 이야기를 나눌 수 있었다. 진료실에서는 의사 선생님의 설명을 함께 들었고, 병원 근처 식당에서는 김밥 한 줄을 나누며 짧은 점심을 함께했다. 민간요법을 찾아보며 시도해 보기도 했고, 병이 나으면 무엇부터 해 볼지 이야기하며 웃은 날도 있었다.

그땐 이상하게도, 누나는 반드시 나을 거라는 기대가 마음 한 켠에

하루가 톡, 말을 걸었다

자리하고 있었다. 설사 완치되지 않더라도, 적어도 더 많은 시간을 함께할 수 있을 거라 믿었다. 그렇게 길면서도 짧았던 2주가 흘러갔다.

돌이켜 보면, 그 시간은 내게 무엇과도 바꿀 수 없는 순간이었다. 다친 발목 때문에 불편했고 회사에 가지 못한 미안함도 있었지만, 덕분에 나는 누나의 마지막 여정을 곁에서 지킬 수 있었다. 그 기억은 지금도 내 마음 깊은 곳에 고요히 남아, 무거운 시간을 견딜 수 있는 위로가 되어 준다.

그리고 시간이 지나 다시 생각해 본다. 그날 나를 불러 주었던 모임의 후배들이 너무 고맙다고. 만약 그날 모임이 없었다면, 그래서 발목을 삐끗하지 않았다면, 나는 누나와 마지막 시간을 함께하지 못했을 것이다.

우연처럼 찾아온 그 발목의 통증이, 아이러니하게도 내게는 선물이 되어 주었다. 발목의 통증은 사라졌지만, 그 시간의 흔적은 여전히 내 마음에 남아 있다. 아릿하면서도 따스하게, 나를 다시 일으켜 세우는 위로로.

The door

아침…

엄마 방문을 열기 전엔 늘 걱정과 두려움이 먼저 밀려왔다. 혹시나 그 안에서 시간이 멈춰 버린 건 아닐까.

나는 출근할 옷차림을 끝낸 뒤에야 엄마 방문을 열곤 했다. 혹시라도 그 안에서 마주할 두려운 풍경 앞에 마음은 맨발이지만, 몸만은 단단히 신발을 신겨 두어야 했기 때문이다.

언제부턴가 걷는 게 불편해지시더니 지팡이를 쓰기 시작하셨고, 디근자 워커, 대형 워커로 바뀌다가 결국엔 혼자 힘으론 방에서 나오지 못하게 되셨다.

아파트의 작은 방.
오랜 시간 얼마나 답답하셨을까.

가끔 문을 열었을 때 무기력한 표정으로 천장을 바라보시던 엄마의 모습을 볼 때면 가슴이 너무 아팠다.

"하루가 천추 같다."는 말.
그 말씀이 더 깊게 박혔다. 더 이상 내 욕심만으로는 엄마를 붙잡아 둘 수 없었다.

하루가 툭, 말을 걸었다

엄마!

이제는 그 문 너머로, 엄마가 그토록 돌아가고 싶어 하던 시절이 펼쳐지기를.

가고 싶어 했던 곳, 마음껏 훨훨 날아다니시고,
제일 먼저 외할머니와 누나 만나 셋이 술 한잔하시구려.

그리고 그동안 그리워하던 아빠, 삼촌, 고향 사람들, 초등학교 동창들도 만나서 오랜만에 깔깔 웃고, 옛이야기에 며칠 밤을 새어도 보고.

그곳에서만큼은, 정말 오래 웃고, 발길 닿는 곳 마음껏 누비며 행복하길.

4장. 나이 듦과 마흔이라는 시간

젊음이 떠나간 자리에 경험이 쌓이고, 패기가 사라진 곳에 여유가 자란다. 중년이라는 계절을 걸어가는 솔직한 고백.

아재의 탄생

종이 100장과 101장의 무게 차이는 거의 없다.
101장과 102장도 마찬가지.
102장과 103장도 별반 다르지 않다.

그런데 그렇게 한 장, 한 장 쌓다 보면…
어느 순간 팔이 슬슬 뻐근해지는 때가 온다.

나이도 그렇다.

41세와 42세, 뭐 별 차이 없어 보인다.
42세와 43세도 그렇고,
44세와 45세도 비슷비슷하다.

그런데 이상하게…
41세와 46세는 좀 많이 다르게 느껴진다.

도대체 언제부터였을까.
내가 '형'에서 '아재'로 넘어간 그 순간은.

마흔의 크리스마스

크리스마스 이브.
단체 채팅방에 오랜 친구들 메시지가 뜬다.
"Merry Christmas!"
"즐거운 크리스마스 보내라."
별 뜻 없이, 형식처럼 오가는 인사.

곧 마흔이다.
오래된 친구들 사이에도 여전히 솔로가 많다.
메시지 속 말투나 타이밍만 봐도
다들 딱히 약속이 있는 것 같지는 않다.
아무도 말은 안 하지만, 그냥 느껴진다.

그런데도 오늘만큼은,
술 한잔하자는 얘기가 없다.
평소 같으면 툭툭 던졌을 "심심한데 한잔?" 같은 말도
어느새 조용하다.

아마 다들 아는 거다.
이런 날 누군가에게 먼저 연락하는 순간,
그냥 '심심한 사람'이 아니라
'아무 약속도 없는 사람'처럼 보일까 봐.

하루가 툭, 말을 걸었다

우리끼리라도 만나면
덜 외롭다기보단,
우리가 혼자라는 걸 너무 잘 아는 사람과 마주 앉는 게
조금 머쓱할지도 모른다.

그래서 굳이 연락하지 않는 것 같다.
연락이 없다고 서운한 것도 아니고,
없으니 편한 것도 아니다.
그냥, 안 한다.
오늘만큼은 누구나 약간의 '있는 척'을 하고 싶은 거다.

애인도, 스케줄도 없지만
그래서 알면서도 묻지 않고,
묻지 않으면서도 어딘가 묘하게 연결돼 있는 느낌.

그게, 마흔을 앞두고 보내는
어른의 크리스마스 이브인 듯하다.

One + 1

찜질방과 사우나를 싫어했었는데,
이제는 그 따뜻함이 제법 괜찮다.

나이키만 고집했었는데,
조금 더 저렴한 다른 브랜드도 나쁘지 않다.

머리를 세우지 않고는 외출할 수 없었는데,
이제는 왁스 없이도 잘 다닌다.

사람 많고 화려한 술집을 자주 찾았었는데,
요즘은 가끔 작고 낡은 가게에서 닭발에 소주 한잔이
더 당긴다.

주말이면 어딘가 가야 하고,
뭔가를 해야 한다는 강박이 있었는데,
요즘은 소파에 누워 TV 보며 낄낄거리는 시간이
하나의 낙이 되어 버렸다.

나이를 먹어 가며 바뀌는 성향, 성격, 취향…
아저씨가 되어 가는 내 모습을 보며
'이제는 더 이상 젊은 층은 아니구나'
하는 약간의 서운함도 든다.

하루가 툭, 말을 걸었다

하지만 너무 서운해하진 말자.

이건 내가 한쪽에서 완전히 다른 쪽으로 바뀌었다기보다,
예전의 취향 위에 새로운 취향이 덧붙은 것일지도 모른다.

사물을 바라보는 시선이 좀 더 넓어졌고,
그만큼 편견도 줄어들었으니 말이다.

그리고 무엇보다,
더 많은 것을 받아들일 수 있는
마음의 여유가 생겼다는 뜻일지도 모른다.

나이라는 시간과 함께 말이다.

나잇값

어른이라는 기준은 뭘까.

나는 마음속에 나름의 구분을 두고 살아왔다. 10대는 철없음의 이름이었고, 20대는 열정의 또 다른 말이었다. 30대는 어른으로 들어서는 문턱이었고, 40대는 그 안에서 나를 조금씩 다듬어 가는 시간, 그리고 50대는 노년을 향해 천천히 걸어가는 길로 느껴졌다.

그리고 지금, 그 40대의 한복판에 서 있는 나는 문득 생각한다. 내가 가진 생각과 가치관, 행동들은 고등학생 시절의 나와 얼마나 달라졌을까. 관심사는 변했고, 직장도 생기고 가정도 꾸렸으니 책임감은 조금 더 커졌다. 경험과 지식도 늘었고, 입맛이나 취향도 조금은 달라졌다.

하지만 사회생활에서 버티기 위해, 혹은 가족을 지키기 위해 어쩔 수 없이 바뀐 부분들을 빼고 보면… 자존심, 두려움의 대상, 추구하는 것, 성격, 습관들… 생각보다 여전히 예전의 나와 크게 다르지 않다.

얼마 전, 후배 한 명이 다른 팀과의 갈등으로 힘들어하며 내게 말했다. "팀장님은 경험이 많으시니까 이런 일로 스트레스 안 받으시겠어요." 그 말을 듣는 순간, 나도 모르게 웃음이 났다. 아직도 누군가와 갈등이 생기면 밤새 뒤척이고, 마음이 복잡한데 후배의 눈에는 그런 감정에서 초연한 상사로 보였던 모양이다.

"어리니까 사랑을 잘 모르겠지?"

하루가 톡, 말을 걸었다

"어리니까 생각이 짧지 않을까?"
"어리니까 상처도 덜 받겠지?"

혹은 반대로,
"어른이 되면 부모님이 돌아가서도 덜 슬프겠지?"
"어른이 되면 사랑도 좀 무뎌지겠지?"
"어른이 되면 꿈 같은 건 희미해지겠지?"

음… 나는 여전히 열일곱 살 때처럼 상처받고, 기뻐하고, 고민한다.
슬플 땐 여전히 슬프고, 설렐 땐 여전히 가슴이 뛴다. 다만, 그 감정을
표현하는 방법이나 처리하는 기술이 조금 늘었을 뿐이다. 나이가 든다
는 건 감정의 강도가 줄어드는 게 아니라, 그 감정을 다루는 법을 조금
더 익혀 가는 일일지도 모른다.

나는, '어리니까'도 아니고 '어른이라서'도 아니라 그저 사람들이 기대
하는 그 나잇값을 나도 모르게 따라가려 부단히 애쓰고 있는 것 같다.

시간이 그려 낸 길

중고등학생 시절, 이 지겨운 시험과 경쟁의 끝이 언제쯤일까 싶었다. 그 시간은 끝나지 않을 것 같았지만, 5년쯤 흐르고 나면 졸업장을 받고, 성인이 되어 있는 나를 발견하게 된다.

20대 중반, 무엇을 좋아하는지조차 알지 못한 채 취업 준비에 매달리던 날들. 새벽 지하철 창가에 비친 내 얼굴이 낯설게 느껴졌던 그때의 불안도, 10년이 지나고 나니 어느 회사의 일원으로 분주히 일하고 있는 내가 있다.

30대 중반에는 '나는 언제쯤 결혼하게 될까' '혹시 혼자 남는 건 아닐까' 하는 걱정이 스쳤다. 하지만 또 시간이 흘러, 어느새 누군가의 배우자가 되어 식탁에 나란히 앉아 있는 자신을 보게 된다.

그렇게 10대의 조바심, 20대의 불안, 30대의 걱정을 지나오고 나니, 크게 달라지지 않은 듯했던 내 삶도 이렇게 긴 호흡으로 바라보면 조금씩 변해 있었다. 조금씩, 아주 조금씩 변해 온 결과가 지금의 나라는 사실이 신기하기도 하다.

어쩌면 시간은 우리에게 큰 선물을 주는지도 모른다. 당장 앞이 안 보이는 날들, 그 속에서도 포기하지 않고 버텼던 작은 발걸음들이 언젠가 나도 모르는 사이, 내 삶을 다음 자리로 옮겨 놓는 것이다.

지금이 답답하고, 어디로 가야 할지 몰라 막막해도 5년 후, 10년 후의 나는 오늘을 기억하지 못할 만큼 또 다른 나로 살아갈지도 모른다.

우린 늘 그렇게, 어느 순간을 지나와 여기까지 왔으니까.

노란 마트, 그리고 나의 시간

예전 내 기억 속의 노란 마트는 언제나 사람들로 북적였다. 지하부터 2층까지 발걸음 소리가 끊이지 않았고, 그 속에서 묘한 활기와 생동감을 느끼곤 했다. 그 시절, 노란 마트는 단순한 쇼핑센터가 아니라 이 도시를 상징하는 풍경 중 하나였다.

그러던 어느 날, 2층의 의류 매장과 가전 매장이 조용히 사라졌다. 사실 그곳에서 물건을 산 기억은 거의 없었지만, 비워진 공간을 바라보니 마음 한편이 허전해졌다. 뉴스에서 보던 '온라인 쇼핑이 오프라인을 대체한다'는 말이, 그제야 피부로 와닿았다.

시간이 조금 더 흐르자 1층도 예전 같지 않았다. 익숙했던 매장들이 하나둘 문을 닫고, 그 자리에 다이소가 들어섰다. 다이소는 이제 다른 대형 마트에서도, 그리고 발길이 뜸해진 건물들 사이에서도 빈자리를 메우는 익숙한 풍경이 되어 가고 있었다.

이제 남은 건 지하 식품관뿐이다. 한때는 노란 건물만으로도 '여기가 우리 동네 랜드마크다'라는 존재감을 뽐냈지만, 지금은 요양원, 병원, 안경원, 그리고 다이소 사이에서 조용히 자리를 지키고 있다.

그 모습을 바라보다 문득 나 자신이 포개어졌다. 시간이 흐르면서 익숙했던 것들을 하나씩 내려놓고, 한때 북적이며 빛나던 기억들이 조용히 마음 한구석으로 물러나는 모습까지. 어쩐지 노란 마트도, 나도 세

하루가 톡, 말을 걸었다

월이 흐를수록 반짝이던 순간들은 희미해지고 그렇게 조용히 제자리를 지켜 가고 있는 듯하다.

하지만 가끔은 그런 조용한 자리에도 의미가 있다. 새로움이 오고, 사람들이 떠나가도 끝내 남아 있는 무언가. 그건 화려하지 않아도, 여전히 시간을 품은 공간이 된다. 노란 마트의 불빛이 완전히 꺼지지 않는 이유도, 아마 그 속에 우리의 지나온 시간들이 켜켜이 쌓여 있기 때문일 것이다.

오늘도 나는 그 앞을 지나며 문득 발걸음을 늦춘다. 변해 버린 풍경 속에서도, 여전히 그 자리를 지키는 노란 건물처럼 나 또한 묵묵히 내 시간을 이어 가고 있다.

그 시절, 우리가 입었던 이름들

NIX, GV2, BOY LONDON, KOOGI, 96 NewYork, BASIC, Opt, 292513 Storm, mook, TexReverse…

90년대 중후반, 거리에서 자주 보이던 브랜드들이다. 지금 생각해 보면 국적도 애매하고 실체도 분명치 않았지만, 이름과 로고, 모델들의 이미지 하나만으로도 뭔가 있어 보였다. 특히 연예인들이나 댄스 가수들이 즐겨 입으면서 자연스럽게 젊음과 열정의 상징처럼 느껴지곤 했다.

그땐 인터넷도 흔치 않아서 "이건 홍콩 브랜드래", "영국 거래" 같은 말이 근거도 없이 입소문을 탔고, 그런 이야기 하나가 그대로 브랜드의 '정체성'이 되기도 했다.

당시 유행하던 청바지는 10만 원을 훌쩍 넘는 것도 있었는데, 그 시절 물가를 감안하면 꽤 고가였다. 지금의 명품이라 불리는 옷들은 내가 평소 사는 것보다 최소 10배에서 많게는 20배 이상 비싸기에 아예 관심 밖이지만, 그 시절에는 아웃렛에 가면 운 좋게 일반 브랜드보다 조금만 가격을 더 얹으면 그 브랜드 옷을 구입할 수 있었기에 곳곳을 찾아다니며 1년에 몇 벌씩 장만하곤 했던 기억이 있다. 패션에 그다지 민감한 편은 아니었지만, 그 브랜드들은 단순한 유행을 넘어 호기심과 동경의 대상이었다. 거리에서 자주 눈에 띄었고, 뭔가 '멋지다'는 감정을 처음 느끼게 해 줬던 것들.

지금은 그 브랜드들 대부분이 사라졌거나, 적어도 예전처럼 쉽게 눈

하루가 툭, 말을 걸었다

에 띄진 않는다. 가끔 인터넷이나 옛 방송에서 그 로고들을 다시 볼 때면 그 시절의 공기, 냄새, 음악, 친구들 얼굴까지 불쑥 떠오르곤 한다. 그 브랜드들이 정말 특별해서였을까? 지금 다시 보면 어쩌면 그때의 특별함을 느끼지 못할지도 모른다.

하지만 그 옷들엔 유행을 좇던 마음, 새로운 것에 대한 동경, 그리고 어디론가 빨리 달려가고 싶었던 시간이 담겨 있었던 것 같다. 그 위에 우리가 살던 시대가 덧입혀졌고, 그래서 지금도 그 이름들을 떠올리면 잠시 그 시절로 돌아간 듯한 기분이 든다.

나에게 그 브랜드들은 단지 옷이 아니라, 그 시절을 통과하던 청춘의 한 흔적이었다.

11월 25일

잊고 싶어도 지워지지 않는 기억이 있다. 나에게는 11월 25일이 그렇다. 앞이 보이지 않던 어둠 속, 도살장에 끌려가는 소처럼 두려움에 사로잡혔던 그날의 감정이 매년 이맘때면 어김없이 되살아난다.

새벽에 일어나 아버지와 짧게 인사를 나누고, 어머니와 누나들과 함께 기차에 올랐다. 11월 말답게 싸늘하고 찬 공기는 그날 내 마음을 단번에 얼어붙게 했다. 평소 같으면 창밖 풍경을 눈에 담느라 창가에 앉곤 했는데, 그날의 기차 창은 나를 향해 닫힌 벽처럼만 느껴졌다.

몇 시간을 달려 도착한 논산이라는 낯선 도시. 어머니와 누나들은 힘내라며 나를 고깃집에 데려갔지만, 나는 비싼 고기를 씹으면서도 아무 맛을 느낄 수 없었다. 긴장한 기색을 감추려 과장된 표정을 지어 보였지만, 사실 속으로는 화장실만 수차례 들락거릴 만큼 초조했다. 태어나 처음 마주한 두려움과 낯선 공포가 몸 깊숙이 들어와 있었다. 그날의 공기와 떨림은 15년이 지난 지금도 생생하다.

군대에 들어서니, 그동안 내가 알던 세상보다 훨씬 다양한 사람들이 모여 있었다. 중고등학교를 남학교에서만 다니며 '다양하다'고 여겼던 경험이 무색할 정도였다. 그곳에는 갓 입대한 이들부터 최고참까지, 한 공간 안에서 인간 군상의 거의 모든 면모가 드러났다. 불과 2년 남짓한 시간 동안 바닥에서부터 가장 높은 위치까지를 경험해야 했던 군대는, 누군가 말했듯 짧지만 밀도 높은 사회의 축소판이었다.

하루가 툭, 말을 걸었다

처음의 두려움과 달리, 나는 곧잘 적응해 갔다. 힘든 순간도 많았지만, 그만큼 웃을 일도 많았고, 살면서 도움이 될 만한 경험도 차곡차곡 쌓여 갔다. 지금까지 이어져 오는 동기들과의 인연은 그 시절이 건네준 또 다른 행운이었다. 군대로 인해 경력이 단절되고 수입이 끊겼던 건 분명 아쉬운 일이었지만, 돌이켜 보면 군대는 내 인생의 결코 가볍지 않은 한 장을 차지한다.

그리고 다시 11월 25일.

달력 위의 숫자는 여전히 그날을 가리키지만, 내 마음속에서 이 날짜는 단순히 두려움의 상징만은 아니다. 그날 이후 나는 낯선 길 앞에서 움츠러들면서도 결국 걸어 나설 수 있다는 걸 배웠다. 언젠가는 웃으며 돌아볼 수 있는 날이 온다는 것도. 그래서 매년 이날은, 두려움 속에서도 내가 조금은 단단해졌음을 확인하는 조용한 기념일이 되어 준다.

중년의 손님들

의학 기술은 날마다 눈부시게 발전한다. 어떤 암은 치료가 가능하다하고, 인공관절과 인공 장기까지 만들어지는 시대다. 그런데 정작 내 몸에서 벌어지는 작은 고장들은 좀처럼 해결되지 않는다. 손가락 저림, 손목 통증, 어깨의 뻐근함, 그리고 비문증까지. 언뜻 사소해 보이지만 고치기 쉽지 않은 이 증상들은 오히려 이렇게 말하는 듯하다. "이건 최신 기술도 어쩌지 못하는, 세월이 불러온 고집 센 손님이야."

손가락 저림을 고쳐 보겠다고 1년 가까이 병원을 전전했다. 정형외과에서 시작해 한의원, 민간요법까지 거쳐 갔고, 결국 이 분야 최고라 불리는 대학병원 의사에게까지 찾아갔지만 돌아온 대답은 크게 다르지않았다. "완치 방법은 없습니다. 무리하지 말고, 스트레스 받지 않게 지내세요."

손목은 다친 적도 없는데 어느 날 갑자기 아파 왔다. 반년 넘게 병원에 다니고, 결국 MRI까지 찍었지만 처방은 또 비슷했다. "수술해도 크게 나아지지 않습니다. 약은 오래 쓰면 부작용이 생기니, 무리하지 않는선에서 지켜봅시다."

비문증으로 유명하다는 안과를 찾아갔을 때도 돌아오는 말은 한결같았다. "수술할 정도는 아니고, 약도 소용없습니다. 그냥… 데리고 사세요."

괜히 희망을 팔거나 불필요한 수술을 권하지 않는 솔직함은 위안이

하루가 톡, 말을 걸었다

됐다. 하지만 병명으로 중년을 실감해야 한다는 게 조금 씁쓸했다. '아, 이 친구들과 평생을 같이 가야 하나.' 그 순간 체념과 수긍이 동시에 밀려왔다.

가만히 생각해 보면 이 친구들은 내 곁을 떠날 생각이 없어 보인다. 손목은 틈틈이 존재감을 드러내고, 비문증은 시야 속을 스쳐 지나며, 손가락 저림도 아침마다 하루를 깨우듯 찾아온다.

몇 해째 이어지는 증상 때문에 힘들어하는 나를 보며, 친구가 툭 한마디를 내뱉었다. "인마, 나이 들면 누구나 병 하나쯤은 안고 사는 거야. 자가치유라는 것도 있는데, 그게 발휘되기도 전에 병원만 기웃거리면 어디 힘을 쓸 기회가 있겠니?"

그 말을 듣고 보니 고개가 절로 끄덕여졌다. 기대수명이 길어지고, 예전보다 열 살은 더 젊어 보이는 시대라지만 어느덧 중년에 들어섰고, 몸여기저기가 서서히 아파 오는 건 어쩔 수 없는 일일 테니까. 그래서 이제는 억지로 떨쳐내려 애쓰기보다, 조금 불편하더라도 잠시 동행해 보기로 했다. 언젠가는 자가치유라는 녀석이 나를 괴롭혀 오던 이 병들과 조용히 이별시켜 줄지도 모르니 말이다.

마음이 정하는 무게

똑같이 흘리는 땀도 느낌이 다를 때가 있다. 운동을 하며 흘리는 땀은 시원하다. 숨이 차고 옷이 젖어도, 내 안에 쌓였던 무언가가 씻겨 내려가는 기분이 든다. 하지만 한여름의 거리에서 흘리는 땀은 다르다. 이마를 타고 흐르는 한 줄기에도 몸이 축 처지고, 뜨거운 숨이 목을 막는다. 같은 땀인데도 체감은 참 다르다.

가방도 마찬가지다. 여행을 앞둔 아침에는 묵직한 캐리어를 끌면서도 발걸음이 가볍다. 설렘이 무게를 덜어 주기 때문이다. 그런데 출근길의 노트북 가방은 이상하리만큼 더 무겁다. 같은 무게인데도 마음의 온도가 다르다.

시간 역시 그렇다. 좋아하는 사람들과 함께하는 두 시간은 눈 깜짝할 새 지나가지만, 하기 싫은 회의 속 두 시간은 끝없이 늘어진다. 똑같은 두 시간이지만, 흘러가는 속도는 전혀 다르게 느껴진다.

생각해 보면, 삶이란 결국 이런 '체감의 차이' 속에서 흘러간다. 무게는 같아도 가볍게 느껴질 때가 있고, 시간은 같아도 길게 늘어지는 순간이 있다. 그러니 문제는 상황이 아니라, 그걸 받아들이는 내 마음이다.

며칠 전, 오랜만에 책 한 권을 들고 나갔다. 읽을 여유는 없었지만 괜히 마음이 든든했다. 그런데 하루가 끝날 무렵, 가방이 유난히 무겁게 느껴졌다. 책이 무거운 게 아니라, '오늘도 못 읽은 나'에 대한 미안함이

하루가 툭, 말을 걸었다

눌러앉아 있었던 거다.

결국 문제는 언제나 같다. 상황이 아니라, 그것을 바라보는 내 마음. 다만 마음이 늘 그렇게 단단하진 않다는 게 문제다. 거창한 깨달음은 없다. 다짐도, 교훈도 없다. 그저 눈앞의 일에 따라 기분이 널뛰고, 어떤 날은 사소한 일에도 마음이 흔들린다.

아마도 그건, 내가 성인(聖人)이 아니라 그저 성인(成人)이기 때문일 것이다. 그래서 오늘도 조금 무겁게, 그러나 여전히 내 몫의 무게를 들고 걸어간다.

마법의 옷

예전에 세탁기 광고에서 이런 문구를 본 적이 있다.

"누구나 하나쯤, 마법의 옷이 있다."

맞다. 나에게도 그런 옷이 있었다. 입기만 하면 왠지 괜찮아 보이고, 거울 속 내 모습이 스스로도 뿌듯해지던 옷. 비싼 건 아니었지만, 내 옷장에서는 단연 최애였다. 그래서 그 옷은 가끔 손빨래로 조심조심 세탁하고, 햇살 좋은 날엔 옷걸이에 정성껏 걸어 말리곤 했다.

그런데 어느 순간부터 뭔가 이상했다. 그 옷을 입어도 예전 같지 않은 것이다. 옷 상태는 여전히 멀쩡하고, 얼굴 주름도 멀리서 보면 티가 나지 않는데, 왜인지 거울 앞의 나에게서 그때의 자신감이 느껴지지 않았다.

그러던 어느 날, 선후배들과 펜션에 놀러 갔을 때였다. 다들 거실 바닥에 널브러져 맥주 한 캔씩 들고 '나잇살 토크'를 하던 중, 무심코 내 입에서 이런 말이 나왔다.

"근데 나, 누우면 배 좀 평평하지 않아?"

그러자 여자 후배가 기다렸다는 듯 웃으며 말했다.

"평평하면 뭐해요, 허리가 없는데요~"

그리고 이어진 결정타.

"선배, 양복바지 입으면 테 잘 안 나오죠?"

하루가 톡, 말을 걸었다

그 순간, 번개처럼 머리가 띵했다.

아… 그래서였구나.

배가 살짝 나왔다는 건 결국 허리선이 사라졌다는 뜻이고, 허리선이 없으니 몸이 일자처럼 되어 버린 것이다. 그러니 아무리 마법의 옷을 입어도 테가 살아날 리 없었다.

예전보다 더 많이 먹는 것도 아닌데, 이상하게 뱃살은 늘고 몸의 선은 희미해진다. 그런데 그 허리선 꼭 다시 찾아야 할까?

생각해 보면, 그때 그 마법의 옷이 나를 빛나게 한 게 아니라, 그 시절의 내가 옷을 반짝이게 했던 건 아닐까. 이제는 허리선보다 마음의 여유가 더 잘 어울리는 나이니까.

나만 아는 1kg, 나만 아는 드라이

친구들과 만나고 돌아오는 길, 문득 생각했다. 오늘 그들이 어떤 옷을 입었는지 기억나나?

솔직히 거의 없다. 가끔 눈에 확 띄는 신발이나, 갑자기 헤어스타일을 바꾼 친구 정도만 떠오를 뿐이다. 결국 오래 남는 건 그날의 대화, 표정, 목소리 같은 것들이다.

생각해 보면, 거리에서 스쳐 간 수많은 사람들의 옷차림도 마찬가지다. 그때는 분명 눈에 들어왔는데, 돌아서면 흔적도 없이 사라진다. 사람의 기억이라는 게 원래 그렇게 느슨하다.

나도 오늘 아침 거울 앞에서 꽤 분주했다. 잠바를 바꿔 입어 보고, 머리를 몇 번이고 다시 말렸다. 드라이가 유난히 잘 돼서 혼자 좀 뿌듯했지만, 그 미세한 볼륨 변화를 알아차릴 사람은 거의 없을 것이다. 몸무게도 1kg 빠졌다는 사실이 나에겐 작은 성취였지만, 그걸 눈치챌 만큼 나를 관찰하는 사람이 있다면 그건 거의 수사관 수준 아닐까.

결국, 나에겐 작은 기적 같은 하루도 다른 사람의 눈에는 그저 '평소의 나'로 보일지 모른다. 하지만 곰곰이 생각해 보면, 그게 나쁘진 않다. 사람을 기억하게 만드는 건 결국 오늘의 드라이 상태나 체중이 아니라, 어떤 말투로 웃고, 어떤 태도로 살아가는가 하는 그 사람만의 '기본값'이니까.

하루가 톡, 말을 걸었다

그럼에도 나는 내일 아침에 거울 앞에 한참 서 있을지 모른다. 누가 알 아봐 주지 않아도, 그저 나 자신을 조금 더 괜찮게 만들어 보고 싶어서.

유쾌한 빈자리

40년 가까이 함께했던 어금니를 오늘 보냈다. 대수롭지 않게 생각했는데, 막상 치과 의자에 앉으니 긴장감이 살짝 돈다. 지금까지는 이가 아프면 때우거나 보철로 씌우는 정도였는데, 이번엔 내 몸의 일부를 떼어 내는 첫 번째 경험이었다. 작은 일이지만, 그 사실이 생각보다 묘하게 감정적이다.

처음엔 그저 시큰한 통증이었다. 괜찮겠지, 조금 참으면 낫겠지 하며 미뤘다. 하지만 어느 날, 이를 악물고 무언가를 씹을 때마다 "이제 그만 보내 달라"는 신호가 들려오는 듯했다. 그가 나름의 역할을 다했음을 인정해야 했다.

마취 주사를 맞고, 입안 깊숙이 철컥거리는 기구가 닿을 때 조금이라도 시간을 늦추고 싶었다.
"이거, 꼭 빼야 하나요?"
의사 선생님은 단호했다.
"남겨 두면 더 큰 문제 생깁니다."

그렇게 그는 내 안에서 조용히 빠져나갔다. 한때는 단단히 나를 지탱해 주던 존재였는데, 이제는 작은 거즈에 싸여 조용히 내 곁을 떠났다.

생각해 보면, 그동안 참 무심했다. 하루 세 번씩 씹고, 물고, 버텨 줬던 존재에게 "고맙다" 한마디 한 적 없으니까. 이별의 순간이 되어서야 그동안 얼마나 열심히 일했던 존재였는지를 새삼 깨닫는다.

거울 속 빈자리를 보며 웃었다. 이상하게 허전하면서도, 조금은 홀가분했다. 새로 채워질 보철이 생기기 전까지 그곳은 나만의 공백으로 남아 있을 것이다. 그 자리는 손실이 아니라, '오랫동안 함께해 온 것의 마침표'이자 다음 단계로 건너가는 문처럼 느껴졌다.

그날 저녁, 나는 오랜만에 죽을 먹었다. 조금 불편했지만, 이상하게 따뜻했다. 한 부분을 잃는다는 건 이렇게 삶의 다른 감각을 깨우는 일인지도 모른다.

잘 가라, 나의 어금니.
너의 자리는 비었지만, 그 빈자리에 남은 유쾌함 덕분에 오늘의 나는 조금 더 가벼워졌다.

서른여섯의 시선

삼십 대 중반이던 어느 해. '젊다'는 말이 어색해지고, 소개팅보다는 맞선이 더 자연스럽게 느껴지던 나이. 무언가를 새로 시작하기엔 애매하고, 평균 수명을 70이라 가정하면 벌써 인생의 반환점을 지난 게 아닐까, 문득 그런 생각이 들기도 했다. 그래서였을까. 그 무렵 나는 새로운 도전보다는 지금 하고 있는 일에 충실하자며 마음을 조용히 접어 두고 있던 참이었다.

그러던 어느 날, 우연히 영화 〈더 게임〉을 보게 됐다. 노년의 억만장자(변희봉 분)가 쇠약해진 몸을 버리고, 젊고 건강한 남자(신하균 분)의 몸을 빼앗는다는 설정. 재산은 넘치지만 시간이 부족한 사람과, 시간은 충분하지만 가진 게 없는 사람이 서로의 몸을 바꾸며 벌어지는 이야기였다.

영화 속 신하균의 정확한 나이는 나오지 않았지만, 대략 30대 중반쯤으로 그려졌다. 그 장면을 보며 문득 멈칫했다. 나는 그 나이를 이미 '한창 지나 버린 시기'쯤으로 여기며 살고 있었는데, 이야기 속의 그 나이는 누군가가 목숨을 걸고라도 갖고 싶어 하는 젊음의 절정이었다.

만약 나에게 다시 20대로 돌아갈 기회가 주어진다면, 과연 그 시간을 기꺼이 다시 살아 낼 수 있을까? 군 복무, 불확실한 취업 준비, 사회 초년생 특유의 불안감과 조급함까지 떠올리면 쉽게 고개가 끄덕여지지 않았다. 오히려 그 모든 통과 의례를 지나온 지금이 더 단단하고 괜찮은

하루가 툭, 말을 걸었다

시간일지도 모른다는 생각이 들었다.

그 영화는 나를 잠시 멈춰 세우며, 젊음이란 무엇인지 다시금 생각하게 했다. 젊음은 이미 지나간 것이 아니라 여전히 내 곁에 머물러 있었고, 다만 내가 그 가치를 알아차리지 못하고 있었을 뿐이다. 그렇다면 젊음이란 나이를 세어 얻는 증표가 아니라, 여전히 무언가를 시작할 수 있다는 마음에서 비롯되는 것 아닐까. 불안과 기대가 함께 공존하는 감각, 내일을 아직 바꿀 수 있다고 믿는 마음. 그것이야말로 젊음의 또 다른 이름일지 모른다.

그래서 다시 깨닫는다. 젊음은 어느 순간 나이가 들었다고 저절로 끝나는 것이 아니라, 내가 더는 젊다고 믿지 않을 때 비로소 사라지는 것인지도. 서른여섯의 오늘은, 지나가 버린 계절이 아니라 아직 내 곁에서 천천히 머무는 봄 같은 시간이었다.

운이라는 이름의 바람

TV 속 세상에는 눈부신 사람들이 많이 등장한다. 노래와 연기에 탁월한 이들, 잘생기고 예쁜 외모로 시선을 사로잡는 사람들. 그러나 세상의 스포트라이트가 닿지 않는 곳에는, 그들 못지않은 재능을 지녔으면서도 무대에 서지 못한 이들이 있다. 전설적인 가수와 거의 흡사한 목소리를 가졌으나 관객 앞에서 노래할 기회조차 얻지 못하는 사람, 연기력은 뛰어나지만 캐스팅의 벽에 막혀 여전히 무명으로 살아가는 배우처럼.

그들이 덜 노력한 것도, 덜 간절했던 것도 아닐 것이다. 그럼에도 불구하고 인생은 언제나 같은 노력에 같은 보답을 내어주지 않는다. 그 사실 앞에서 문득 묻게 된다. 노력과 성실을 넘어선, 보이지 않는 힘은 무엇일까.

곰곰이 생각해 보면 삶은 늘 작은 갈림길의 연속이었다. 같은 대학, 같은 강의실, 같은 졸업장을 받았더라도 졸업 이후의 궤적은 저마다 다른 곡선을 그린다. 비슷한 시기, 같은 단지에서 같은 조건으로 아파트를 샀다 해도 언제 팔았느냐에 따라 손익은 몇 배씩 갈라진다. 출발은 같아 보이지만, 그 뒤를 잇는 사소한 선택들이 서로 다른 길을 만들고 그 길 위로 '운'이라는 이름의 바람이 불어와 미래를 바꾸어 놓는다.

우리가 내린 수많은 결정들 가운데는 생각보다 큰 부분이 그 보이지 않는 바람, 곧 운에 좌우된다는 것도 깨닫게 된다.

어느 순간부터 나는 그 바람을 억지로 막아 내려 애쓰기보다 그 흐름을 인정하며 살아가기로 했다. '운'이 결과의 절반쯤을 차지할 수도 있다는 사실을 받아들이자, 예전처럼 모든 무게를 내 어깨에만 짊어지던 마음은 훨씬 가벼워졌다. 그리고 비로소, 바람에 흔들리면서도 나만의 보폭으로 걸어갈 수 있게 되었다.

기다림의 자리

어떤 기회는 능력이 있어야 얻고, 또 어떤 기회는 열심히 달려야 잡을 수 있다. 하지만 세상에는 그냥 기다리기만 해도 언젠가 자연스럽게 내 차례가 오는 기회도 있다.

가령, 초등학생 때 6학년 선배들이 차례로 맡던 '주번 활동'이 그랬다. 교문 앞에서 등교 지도를 하고, 복도에서 떠드는 아이를 조용히 시키던 그들. 그건 마치 어린 사회의 작은 권력 같았다.

시간이 지나며 그런 '순번의 기회'는 조금씩 형태를 바꿔 찾아왔다. 하지만 막상 그 자리에 도착해 보면, 편해지기는커녕 별일 아니거나 다른 책임이 따르곤 했다. 고3이 되었을 때 더 이상 내 위에 선배가 없어 좋았고, 교복 바지를 줄여 입거나 머리를 조금 더 기를 수 있는 장점이 있었지만, 막상 되고 나니 그런 것들이 그다지 흥미롭지 않았다. 그저 입시 스트레스에 지쳐 있는 수험생일 뿐이었다.

군대에서는 병장이 되고 나니 할 일도 줄고 부대 생활은 훨씬 자유로워졌지만, 막상 전역을 앞두자 그 시간이 전보다 훨씬 더디게 흘렀다. 기다림이 끝나면 마음이 한결 가벼워질 줄 알았는데, 오히려 남은 날들을 세며 하루하루가 길게 느껴졌다.

그리고 보면 인생의 많은 순간이 그런 식이다. 순서대로 돌아오는 자리는 결국 시간이 주는 공평함 같지만, 막상 그 자리에 닿으면 기대했던

하루가 툭, 말을 걸었다

것만큼 실감하지 못하거나, "이 시기만 빨리 지나가면 좀 편해지겠지."
라는 마음이 더 컸던 것 같다.

그리고 그런 시간은 지금도 계속된다. 지하철의 경로석, 혹은 65세가
넘었을 때 받게 되는 노인 연금 등 언젠가 나에게도 그 기회가 조용히
다가올 것이다.

하지만 내가 진짜 기다리고 싶은 건 그런 '형식의 차례'보다는, 시간이
흘러야만 얻을 수 있는 또 다른 기회들이다. 나이 들어서야 비로소 가질
수 있는 돌아볼 여유, 사람들을 이해하는 조금 더 넓어진 마음, 어느 날
문득 세상을 다르게 바라보게 하는 조용한 마음의 틈 같은 것들.

그런 것들로 마음이 풍요로워진다면, 시간이 나에게 건네는 순서도
더 이상 두렵지 않을 것 같다. 이제는 조금 더 천천히, 그 차례를 기다리
며 살아가고 싶다.

하루의 품격

하루를 쌓아 갈수록, 하고 싶은 일은 늘어 가는데 정작 할 수 있는 일은 줄어든다. 시간도, 여유도, 마음도 모두 나눠야 할 곳이 많아졌기 때문이다.

어릴 적에는 나 하나만 챙기면 됐고, 내 문제만 해결하면 충분했다. 갖고 싶은 것, 해 보고 싶은 것, 만나고 싶은 사람들. 하지만 어느 순간부터는 내 선택이 곧 가족의 선택이 되고, 나의 욕망보다 지켜야 할 삶의 무게가 먼저 자리를 차지했다. 이제는 내가 중심이 아니라, 누군가를 중심에 두고 하루를 살아간다.

친구와의 만남은 미뤄지고, 취미는 언젠가의 일로 남겨 둔다. 어쩌다 술잔을 기울일 때조차도 다음 날의 피곤함을 미리 계산하며 마음을 접는다.

누군가는 이런 삶을 소박하다 하고, 또 누군가는 답답하다 하겠지만, 나는 그 속에서 나름의 균형과 절제를 배운다. 반짝이는 성취나 눈에 띄는 화려함이 아니어도 좋다. 그저 내 곁의 사람들을 지켜 내고, 무너지지 않게 하루를 살아 내는 일. 어쩌면 그것이야말로 서민에게 남겨진 가장 소박한 품격일지 모른다.

5장. 마음 한 켠의 독백

상처받고, 치유되고, 다시 일어서는 마음의 여행. 내면의 목소리에 귀 기울이며 써 내려간 솔직한 기록.

오만

배고픔을 몰랐을 땐, 나는 음식 앞에서 우아한 사람인 줄 알았다. 돈을 잃어 보기 전엔, 나는 손실 앞에서도 태연할 거라 믿었다. 사랑을 겪기 전엔, 누군가를 오래도록 그리워하는 일은 다른 사람의 몫이라고 생각했다. 살이 찌기 전엔, 그저 많이 먹어서 살을 못 빼는 거라고 쉽게 여겼다. 직장 생활에서 아쉬운 소리를 해 보기 전엔, 사람들이 필요 이상으로 자신을 낮추고 상대방에게 맞추려는 태도가 다소 과장된 것처럼 느껴졌다.

그래서, 비록 군대에서였지만 버려진 건빵을 손에 쥐게 될 줄 몰랐고, 계속된 손실에 감정을 쏟아 내거나 누군가를 원망할 수도 있다는 걸 몰랐다. 하나의 마음을 오래 품어 눈물이 흐를 수도 있다는 것도, 아무리 절제해도 나이가 들면 몸이 달라진다는 것도 새삼스레 알게 되었다. 누군가 내 일과 관련된 이야기를 하면 무심한 척하다가도 귀가 쫑긋해지는 내 모습은 여전히 낯설었다.

나는 처음부터 절제되고 고결했던 게 아니다. 그저, 아직 삶이 나를 그 자리에 데려다주지 않았을 뿐이다. 그리고 그 길 위에서 조금씩 낯선 나를 알아 가며, 나는 비로소 내가 완성되지 않은 사람임을 받아들인다.

지친 하루의 푸념

열심히 공부한다.
원하는 것을 이루기 위해서.

하루를 쪼개 일하고,
내키지 않는 일도 끝까지 마무리한다.
언젠가 다가올 미래를 대비하기 위해서.

상사의 비위를 맞추고, 억울한 일도 묵묵히 삼킨다.
승진을 위해, 그리고 조금 더 인정받기 위해.

그런데,
힘들다.
하기 싫다.
때로는 자존심도 상한다.

그런 순간들이 반복되며,
일상이 점점 무겁게 느껴진다.

그럼에도 멈출 수 없다.
분명한 목표가 있는 건 아니었지만,
멈추면 안 된다는 이상한 강박이 늘 따라붙었다.

하지만 어느 날, 그 일상이 한순간에 무너졌다.
몸이 좋지 않아 검사를 받았는데,
의사는 잠시 말을 고르더니 조용히 말했다.

암이었다.
이미 초기 단계는 지났다고 했다.

그 순간 문득, 지금까지 내가 이렇게까지 달려온 이유가 무엇이었는
지 헷갈려졌다. 무슨 부귀영화를 누리겠다고, 자존심 꾹 눌러 가며, 할
말 삼켜 가며 그렇게까지 참고 버텨 온 걸까.

내가 정해 놓은 높은 목표.
사람들의 기대.
남들의 시선.

이제 나는,
치료를 받으며 내가 진짜 하고 싶은 일을 하기로 마음먹었다.

보고 싶었던 사람들을 찾아가 만나고,
수입은 적어도 스트레스 받지 않는 일을 하며,
마당과 나무가 있는 작은 시골집으로 이사할 것이다.

그 집엔 내가 좋아하는 리트리버와 시베리안 허스키 두 마리를 데려
오고, 미뤄 뒀던 일들, 걱정돼서 시작도 못 했던 일들을 이제는 하나씩

해 볼 것이다.

사랑도 다시 시도해 볼 거고,
한 달쯤은 동남아 어딘가를 여행하며 천천히 걸어 볼 것이다.

하지만…

.

.

.

나는 암에 걸리지 않았다.

아이러니하게도,
이렇게 암에 걸렸다고 상상해 보면
세상이 오히려 더 선명하게 보인다.

내가 내려놓아야 할 것,
버려야 할 것들이 또렷해지고,
미련이 사라진다.

그런데 현실로 돌아오면,

다시 목표는 더 높아지고,

나는 또 나 자신을 몰아붙인다.

마음 편하게 사는 법을 알고 있으면서도,

그 삶을 선택하지 못하고 있다.

흠…

삶에 치여 있는 누군가에겐 사치처럼 들릴지도 모르겠지만

지금 이 순간의 나에겐,

시한부처럼 삶의 유한함이 선명히 새겨진 상태로

앞으로 딱 2년만 뜻대로 살고 싶다.

겨울밤, 고양이 그리고 나

지난겨울, 영하 10도에 가까운 매서운 밤, 집으로 돌아오는 길에 종종 길고양이들을 마주치곤 했다. 털로 덮여 있어도 추위를 느끼는지 막 주차한 차 위에 웅크려 열기를 얻으려 하고, 쓰레기 더미를 뒤지며 어찌어찌 생을 이어 가는 듯한 모습이었다.

동물들이 인간처럼 복잡한 생각을 하지는 않겠지만, 배고픔, 추위, 아픔 같은 고통은 그들도 분명히 느낄 텐데… 끝이 보이지 않는 그 생활 속에서 고양이도 두려움을 느낄까? 사람은 견딜 수 없는 고통 앞에서 삶을 스스로 내려놓는 '선택'이란 걸 할 수 있다. 그 선택의 옳고 그름을 떠나, 고양이는 그런 선택조차 하지 못한다면 그건 얼마나 비극적인 일일까.

지난 7~8년간, 나는 삶에 '희망'이라는 걸 품고 살지 않았다. 먹고, 입고, 잘 곳은 있었고 가족도, 친구도, 직장도 있었다. 겉으로 보기엔 많은 것을 가진 듯한 삶. 그래서 누군가에겐 지독한 투정처럼 보일 수도 있겠지만 나에게는, 그저 죽을 용기가 없었기에 살기 위해 살아가는 수밖에 없었다. 별다른 재능도, 가진 것도 없었기에 살아남기 위해선 승진이 필요했고, 승진을 위해선 또다시 고된 삶을 반복해야 했다. 어떤 꿈이나 열망이 있었던 것도 아니고, 그저 도태되지 않기 위해, 쫓기듯 살아왔다. 사랑하는 사람이 곁에 있었던 순간조차도 기쁨은 짧았고, 그 외의 시간은 늘 허무했다. 왜 살아야 하는지, 그 이유를 찾을 수 없었다.

하루가 톡, 말을 걸었다

이별 후, 나는 자꾸만 무언가를 갈망하게 됐다. 그 사람이 돌아와 주기를 바라는 마음, 누군가 새로운 사람이 내 삶에 들어와 주기를 바라는 마음, 그도 아니면, 이 버거운 감정이 끝나 주기를 바라는 마음…

살아가는 데 꼭 필요하지 않으면 무언가를 간절히 원해 본 적이 거의 없던 나였는데, 지금은 순간의 고통을 견디기 위해 마치 쓰레기 더미를 뒤지는 고양이처럼 감정을 붙잡고, 애쓰고 있다. 이 '순간'이라는 시간이 며칠일지, 몇 달일지, 몇 년일지 가늠조차 되지 않기에 더욱 두렵다. 나는 고양이보다 덜 불행한 선택, 삶을 내려놓을 수 있는 와일드카드쯤은 쥐고 있다고 믿어 왔지만, 결국 나 역시, 그 고양이들과 별반 다르지 않다는 걸 깨닫는다.

버티는 것 외엔 달리 할 수 있는 게 없다는 점에서. 그들도, 나도 결국엔 시간이 조금 늦춰졌을 뿐, 죽음이란 끝을 향해 조용히 걸어가고 있다는 점에서는 크게 다르지 않다.

Midnight reverie

가끔 새벽에 눈을 뜬다. 아직 창밖이 어둡고, 세상이 조용히 숨을 고르고 있을 때면, 나는 종종 꿈에서 막 빠져나온 듯한 기분이 든다. 그런데 이상하게도 그런 꿈들은 대개 지난날의 장면들이다. 어릴 적 마을의 좁은 골목, 창문마다 불이 켜지며 하루가 저물어 가던 풍경, 가족들과 함께 웃던 식탁, 오래전에 헤어진 사람들과의 따뜻한 대화들.

나는 꽤 많은 시간 동안 힘겨운 일을 겪어 왔다고 생각했지만, 이상하게도 새벽의 꿈들은 늘 다정했다. 그 꿈속에서 나는 웃고 있었고, 먼저 세상을 떠난 가족들의 얼굴도, 이제는 멀어진 사람들의 목소리도, 모두 살아 있었다.

그래서일까.

눈을 뜨는 순간, 그 따뜻함이 사라져 버린 자리에 늘 깊은 그리움이 남았다. 다시는 돌아갈 수 없는 시간, 아무리 손을 뻗어도 닿지 않는 순간들. 그 그리움은 슬픔이라기보다는, 한때 분명히 존재했던 행복의 잔향 같았다.

그래서 가끔은 이런 상상을 한다. 만약 내가 마음대로 꿈을 설계할 수 있다면, 현실이 아무리 힘겨워도 그 안에서만큼은 행복할 수 있지 않을까 하고.

돈이나 성공 같은 것들이 아니라, 그저 마음이 원하는 장면을 그려 볼

하루가 톡, 말을 걸었다

수 있는 꿈. 그 안에서 나는 다시 웃고, 사라진 풍경이 내 앞에 펼쳐지고, 그리운 사람들이 아무 일도 없었다는 듯 내 곁에 앉아 있는 그런 꿈 말이다.

어쩌면 나는 그런 꿈을 기다리며 살아가는지도 모르겠다. 언젠가 마음속 풍경을 직접 그려 넣는 '꿈의 기술'이 생긴다면, 나는 그 속에서 다시 한번 웃게 될까.

깊은 어둠 속에서도, 내 마음이 그리는 한 조각의 꿈이 조용히 살아 숨 쉬기를 바라면서.

면죄부

살다 보면 누군가에게 잘못을 하거나 미안한 순간들이 참 많다. 대부분은 화해나 사과로 마무리되지만, 그렇다고 해서 상대의 마음에 남은 상처까지 깨끗하게 지워지는 것은 아닐 터이다. 내가 사과했다고 해서, 시간이 흘러 그 사람이 행복해 보인다고 해서, 내 잘못까지 사라지는 건 아닐 테니.

어쩌면 상대는 상황상 내 사과를 받아들였을 수도 있고, 행복해 보이는 그 순간 역시 잠시 스쳐 지나는 찰나일지 모른다.

나를 사랑하고 믿으며 미래를 약속했던 사람에게, 스스로에 대한 확신이 부족해 갑작스러운 이별을 통보한 적이 있다. 가장 가까운 가족들에게는 마음속에 쌓인 섭섭함을 분노로 터뜨려 상처를 안겼고, 친구들에게는 다시는 안 볼 것처럼 등을 돌린 적도 있다.

그럴 때마다 곧바로 후회하기도 했고, 며칠이 지나 미안함이 밀려오기도 했으며, 때로는 그 행동을 하는 순간에도 "그러면 안 되지"라는 생각을 했지만 몸과 입은 멈추지 못했다.

가끔은 사과조차 하지 않은 채, 그저 시간이 모든 것을 덮어 주길 바라며 지나쳐 버린 경우도 있다. 가족이니까, 오랜 친구니까, 사랑하는 사람이니까 이해해 주겠지 하며.

하루가 톡, 말을 걸었다

어쩌면 솔직한 마음을 털어놓을 용기가 없었기 때문이기도 했다. 그러다 상대가 다시 일상을 잘 살아 내는 듯 보이면, 나는 그제야 안도하며 스스로에게 면죄부를 건넨다.

"저 사람이 잘 지내는 것 같으니 이제 괜찮은 걸까."
"행복해 보이는데… 죄책감을 조금 덜어도 되려나."

하지만 안다. 상대의 마음은 내가 결코 다 헤아릴 수 없다는 것을. 그 무게가 얼마나 깊을지, 그 상처가 얼마나 오래 남을지 나로서는 짐작조차 어렵다.

그럼에도 불구하고 그 감정을 내 기준으로 가볍게 단정 짓는 건, 결국 내 마음이 편하자고 내린 이기적인 판단일 뿐이다.

무의식의 방어

어릴 적,
마을에서 친하게 지내던 친구가 서울로 전학을 갔을 때,
오래 키우던 강아지를 다른 곳으로 보내야 했을 때,
아버지가 세상을 떠나셨을 때,
사랑하던 사람과 헤어졌을 때,
그리고 무엇보다 누나가 먼저 하늘로 가 버렸을 때…
나는 오랜 시간, 깊이 아팠다.

그 모든 이별의 순간마다 내 무의식은
조용하지만 치열하게 나를 지켜 주기 위해
고군분투하고 있었구나.

상실의 그림자는 너무도 길게 드리워져 있었고,
나는 어느새 사람들에게
쉽게 마음을 내어 주지 않게 되었다.
가까워질 듯하면 나도 모르게 선을 긋고,
보이지 않는 벽을 세우곤 했다.

마음을 열면, 그만큼의 상처 또한 함께 감당해야 하기에
아마도 나의 무의식은 누군가를 잃는 아픔보다는
잔잔한 외로움을 택했던 것 같다.

하루가 툭, 말을 걸었다

용서 없는 용서

중학교 3학년 무렵, 아버지는 정년퇴직을 하셨다. 늦둥이였던 나는 아직 학생이었고, 외벌이셨던 아버지는 생활비에 보탬이 되고자 아파트 경비 일을 새로 시작하셨다. 그 무렵 부모님은 처음으로 장만했던 읍내의 집을 처분하고, 증권회사에 다니는 친척의 권유로 평생을 모으신 그 돈을 맡기셨다. 그는 회사에서도 인정받는 사람이었고, 한 달마다 일정한 이자를 지급하겠다고 약속했다.

처음 여덟 달 동안은 약속이 지켜졌다. 통장에 꼬박꼬박 찍히는 이자를 보며 부모님은 안도하셨다. 하지만 어느 날, 그 친척은 모 연예인 사건과 아주 흡사하게 다른 친척들과 지인들의 돈을 모두 모은 채 사라졌다. 위장이혼으로 재산을 빼돌리고, 법망을 요리조리 피했다. 마지막으로 본 순간까지도 그는 멀쩡히 잘 살아가는 듯 보였다.

그 사건 이후, 우리 가족의 삶은 송두리째 무너졌다. 아버지는 극심한 스트레스로 암 진단을 받으셨고, 집도, 수입도, 희망도 한순간에 사라졌다. 드라마에서나 보던 장면들이 현실이 되었다. 그때부터 우리 가족은 그저 하루를 버티는 일에 매달려야 했다. 나는 고등학생이었지만, 일요일이면 새벽 다섯 시에 일어나 신도시행 기차를 탔다. 인력사무소 앞에는 나처럼 하루 벌이를 기다리는 사람들이 줄을 서 있었다. 당시 일당은 오만 원. 그 시절 물가를 생각하면 적지 않은 돈이었지만, 나에게까지 일이 돌아오는 날은 한 달에 한두 번뿐이었다. 아침 여덟 시 반, 인력사무소의 철문이 닫히면 나는 손에 아무것도 쥐지 못한 채 기차역으로 걸어갔다. 빈손으로 돌아오는 길, 손바닥엔 새벽부터 움켜쥐고 있던 차가운 공기만 남았다. 그렇게 돌아오는 내 모습을 창문 너머로 본 어머니는 내가 집에 들어서기도 전에 이미 울고 계셨다. 무언가를 위로해 주고 싶으면서도 아무것도 해 줄 수 없던 얼굴이었다.

설상가상으로, 그 이후에도 부모님은 여러 차례 사기를 더 당하셨다. 잘해 보고자 했던 마음, 사람의 연약함을 교묘히 이용하는 지인들. 돈을 잃은 것도 괴로웠지만, 계속해서 같은 상처를 겪는 부모님을 원망하는 내 마음이 더 힘들었다. 분노와 연민이 뒤섞여, 그 시절의 나는 누구를 완전히 미워하지도, 용서하지도 못한 채 버틸 뿐이었다.

한참의 세월이 흐른 뒤, 우리에게 사기를 쳤던 사람들이 하나둘 세상을 떠났다는 소식을 들었다. 단 한 번의 사과도 없었지만, 이상하게 '죽어서 잘 됐다'는 생각도, 예전처럼 미움이 치미는 감정도 들지 않았다. 대신 '살아 있을 때 왜 그렇게밖에 못 살았을까' 하는 생각이 먼저 스쳤다.

죽음이 꼭 동정이나 불쌍함을 의미하는 건 아닐 것이다. 그가 살아 있었다 해도 평생 다시 마주칠 일은 없었을 테니까. 그럼에도 '이 세상에 더는 존재하지 않는다'는 사실 하나만으로 내 감정의 결이 바뀌는 걸 보면, 참 묘한 일이다. 어쩌면 살아 있는 동안에는 그가 언제든 또 다른 상처를 줄 수 있다는 가능성 때문에 미움을 놓지 못했던 걸지도 모른다. 복수든 해명이든, 여전히 뭔가 더 벌어질 수 있다는 그 불안이 나를 붙잡고 있었던 걸까. 하지만 죽음은 모든 가능성을 닫는다. 더 이상 아무 일도 일어나지 않는다는 확신이 생기면 비로소 그 사람을 하나의 완결된 존재로 받아들이게 된다. 미워할 이유도, 미워해야 할 필요도 함께 사라지면서.

돌아보면, 그 시간들은 나를 조금 단단하게 만들었다. 고된 노동 덕분에 지금의 일이 얼마나 편한지 알게 되었고, 억울한 상황을 겪으며 부모님의 마음을 조금은 이해하게 되었다. 비좁고 눅눅한 지하방에서 살던 기억 덕분에 지금의 집이 늘 감사하다. 그때의 고통이 내 선택은 아니었지만, 그렇게라도 의미를 붙이지 않았다면 나는 아마 무너졌을 것이다.

결국 우리의 감정은 관계의 가능성에 기대어 있는지도 모른다. 살아 있는 것과 그렇지 않은 것, 그 한 끗 차이만으로도 마음의 결이 이렇게 달라지는 걸 보면 더욱 그렇다. 죽음이 끝낸 것은 그 사람의 삶이 아니라, 내 안에서 자라던 미움의 가능성이었는지도 모른다.

한 수 위

지금까지 어떤 시간을 살아왔든,
나는 늘 그런 사람이었다.

웬만한 일엔 흔들리지 않았고,
누구 앞에서 좀처럼 기죽지 않았으며,
마지막 자존심만큼은 지켜 왔다.

상처를 입어도 잘 버텼고,
나 역시 그렇게 믿었다.
웬만한 바람쯤엔 쓰러지지 않을 거라고.

하지만 신은
정말 마음만 먹으면
나를 아주 가볍게 무너뜨릴 수 있는 존재였다.

가까운 사람의 죽음 앞에서,
연이은 도전이 계속 실패로 돌아올 때,
신뢰했던 관계가 하룻밤 새 금이 가 버렸을 때,
수년을 버텨 온 노력이 하루아침에 무너져 내린 날.

그 모든 순간마다
나는 알게 되었다.

하루가 툭, 말을 걸었다

내가 지켜 왔다고 믿었던 마음이

사실은

종잇장처럼 얇고,

바람 한 줄기에도 찢겨 나갈 수 있는 것임을.

신은

그저 살짝,

건드리기만 했을 뿐인데

나는 천천히, 그러나 조용히

무너져 내렸다.

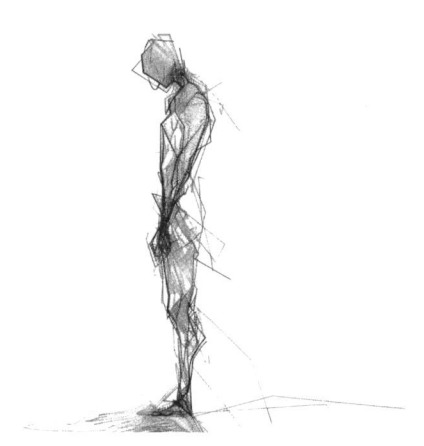

작은 자유의 발견

돌아보면, 젊은 시절의 나는 직장 생활만큼은 참 최선을 다했다고 생각한다. 다른 부서에서는 서너 명이 맡아야 할 일을 오랜 시간 혼자 감당했고, 많게는 일주일에 세 번 가까운 회식에도 거의 빠지지 않았다. 결혼식이나 장례식은 물론이고, 단체 운동이나 등산에도 개근하다시피 했다.

이런 태도는 내 성격과도 무관하지 않았다. 군 생활을 좋아하지는 않았지만, 공평함이라는 가치를 군대만큼 철저히 보여 주는 곳도 없다고 생각했다. 그 시절의 직장은 남자들이 많았고, 군대식 문화가 짙게 배어 있어서 승진을 준비했던 나는 회식도, 업무도, 하기 싫은 일도 기꺼이 감당해야 한다고 여겼다. 그래서 나름의 확신이 있었다. 누구보다 많은 공식 자리에 참석했고, 누구보다 많은 일을 맡아 냈으니, 적어도 사람들의 기억 속에 작은 흔적쯤은 남아 있을 거라고. 하지만 현실은 뜻밖이었다. 여러 차례, 의외의 순간마다 마음을 흔드는 경험이 이어졌다.

한 번은 세 명의 선배와 함께 지방에서 모임을 가진 적이 있었다. 쉽지 않은 자리였기에 큰마음을 먹고 참석했고, 그래서인지 그날의 기억은 오랫동안 선명하게 남아 있었다. 그런데 십 년쯤 흐른 뒤 우연히 다시 그 선배들과 이야기를 나누던 중, 그때의 모임이 화제로 올랐다. 하지만 세 사람은 서로를 기억하면서도, 그 자리에 내가 있었다는 사실은 아무도 떠올리지 못했다. 비슷한 경험은 또 있었다. 두 해 동안 같은 부서에서 함께 일했던 선배가 있었는데 나는 그를 모시느라 술상무처럼 늦은 밤까지 남아 자주 자리를 지켰지만, 세월이 흐른 뒤 다시 만났을 때 그는 우리가 같은 부서였다는 사실조차 기억하지 못했다.

물론 어떤 선배의 소개로 다른 자리로 옮겨 가기도 했고, 내가 떠나려는 걸 붙잡거나 자신이 있는 곳으로 불러 주던 선배들도 있었다. 관계라는 건 서로가 같은 무게로 기억하기는 어렵겠지만, 적어도 내가 전혀 흔적 없는 사람은 아니었다는 사실쯤은 누군가의 기억 어딘가에 남아 있었을지도 모른다.

처음엔 내가 그토록 중요하게 여겼던 순간들이 상대에게는 그저 지나가는 일상이었다는 사실이 다소 허탈하게 느껴지기도 했다. 하지만 이는 달리 해석하면 내가 저질렀을지도 모를 작은 실수들, 어색했던 순간들, 부족했던 모습들도 함께 잊힐 수 있다는 뜻이기도 하다.

요즘의 나는 오히려 조직 안에서 미미한 존재로 남는 것을 더 선호한다. 다른 이들의 기억에 덜 남을수록, 나의 자유는 한층 넓어지고 스스로의 방식대로 살아가는 데 걸림돌이 줄어드는 것 같기 때문이다.

Reverse

처음엔 인생을 '선택' 중심으로 바라봤다.

"이 사람을 만나게 되면서 참 힘들었구나."

"이 일을 시작하기로 하면서 많은 걸 포기해야 했구나."

이런 식으로 사람이나 사건에 의미를 부여하곤 했다. 마치 인생이라는 거대한 퍼즐에서 조각 하나하나가 내 삶의 방향을 결정하는 것처럼 여겼다.

그때는 모든 게 선택의 결과라고 믿었다. 다른 길을 택했다면 지금과는 전혀 다른 삶을 살고 있을 거라고, 그 사람을 만나지 않았다면 상처받지 않았을 거라고, 이 업무를 맡지 않았다면 사람에 대해 실망하는 경험을 겪지 않아도 됐을 거라고. 그래서 후회도 많이 하며, '만약 그때…'라는 가정을 자주 떠올리곤 했다. 현재의 힘겨움을 과거의 선택 탓으로 돌리며 살았던 것이다.

그런데 생각의 전환점은 의외로 가까운 곳에서 찾아왔다. 한때 부러워하던 동창을 오랜만에 만났을 때였다. 그는 안정적인 전문직에 종사하며 겉보기에 부족함이 없어 보였는데 대화가 길어질수록 그의 입에서 흘러나온 건 나와 크게 다르지 않은 고민들이었다. 끝없이 이어지는 스트레스, 사람 사이의 갈등, 무너져 가는 건강.

물론 친구 한 명의 이야기가 삶의 본질을 단정 지을 수는 없지만, 그날의 대화는 내 생각의 방향을 바꾸어 놓았다. 내가 '다른 선택을 했더라면 피할 수 있었을 것'이라 여겼던 고통들이, 사실은 다른 길을 택해도 결국 마주하게 되는 무게일지도 모른다는 것을.

그날 밤, 문득 이런 생각이 들었다. 내가 지금까지 '원인'이라고 여겨 온 것들이 사실은 결과를 향해 가는 하나의 경로는 아니었을까. 만약 이별이 예정된 것이었다면, A가 아니더라도 결국 다른 모양의 이별을 맞이했을 것이다. 사람과의 관계로 상처를 받을 운명이었다면, 그 일이 아니어도 다른 과정에서 비슷한 무게를 안게 되었을지도 모른다.

물론 이 관점이 숙명론적으로 들릴 수 있다. 그런데 어차피 겪게 될 일이라면 더 의연하게, 더 의미 있게 겪어 보자는 마음이 생겼다. 그리고 한편으론, 그 경험들을 삶의 일부로 받아들이려는 생각이 하나 더 자랐다.

어쩌면 삶은 선택에 따라 완전히 달라지는 게 아니라, 결국 비슷한 지점을 향해 흘러가는 강물 같은 것인지도 모른다. 그래서 나는 아직 오지 않은 결과에 매달리기보다, 지금 내 앞에 놓인 길 위에서 순간순간 진심을 다해 살아가려 한다.

늦둥이에게

초등학교 5학년, 또래보다 일찍 사춘기를 맞은 아이가 있다. 집에서는 어머니께 거칠게 반항하고, 학교에서는 선생님이 조금만 느슨해도 금세 산만해진다. 교실에서 크고 작은 사고가 이어지자 어머니는 늘 마음을 졸이며 선생님과의 상담을 이어 가야 했다. 부모님이 마흔을 넘겨 어렵게 얻은 늦둥이라고 했으니, 그 사랑이 얼마나 깊었을지는 굳이 말하지 않아도 짐작할 수 있었다.

어느 날 나는 조심스럽게 아이에게 말을 건넸다.
"너 늦둥이잖아. 친구들보다 부모님이 더 빨리 늙으시고, 더 빨리 아프실 수도 있어. 어쩌면… 더 일찍 네 곁을 떠나실지도 모르지. 네가 사고를 많이 치니까 어머니가 그만큼 더 힘드신 것도 사실이고. 그런데 네 어머니가 널 얼마나 예뻐하시는지 알잖아. 늘 네 편이 되어 주시고, 뭐든 너를 위해 아낌없이 내어 주시는 분이잖아. 그런 어머니가 오래 곁에 계시지 못한다고 생각해 봐. 슬프지 않니? 그러니까 나중에 후회하지 말고, 지금이라도 조금 더 다정하게 말씀드려 봐. 아마 누구보다 기뻐하실 거야."

평소엔 까불며 웃음을 터뜨리던 아이였는데, 그날은 말끝을 참지 못하고 어깨를 들썩이며 울음을 터뜨렸다. 울리려던 건 아니었는데, 아마 마음 깊은 곳이 건드려진 모양이었다.

사실 나도 어린 시절 가장 두려웠던 건 부모님과의 이별이었다. 막내

하루가 톡, 말을 걸었다

아들로 가족과 친척, 동네 어른들에게까지 많은 사랑을 받으며 자랐지만, 오래도록 불화가 이어진 부모님의 모습을 지켜보며 늘 불안했다. 혹시라도 두 분이 갈라지면 누구와 살아야 할지, 그 순간 한쪽 부모를 잃게 된다는 사실이 어린 나를 끝없이 괴롭혔다.

돌아보면, 그날 아이에게 했던 말은 실은 내 안에 남아 있던 두려움이 흘러나온 것이었는지도 모른다. 요즘 들어 부쩍 늙어 보이시는 어머니를 보며 오래 곁에 계셨으면 하는 마음. 그 마음이 내 입을 빌려 아이에게 건네진 것 같다.

늦둥이라는 이름은 꼭 그 아이만의 몫은 아니었다. 부모의 품을 오래 붙잡고 싶은 마음만큼은, 여전히 내 안의 늦둥이인 나에게도 남아 있었으니까.

겨울 저녁의 두 풍경

쌀쌀한 겨울 저녁, 집으로 가는 버스를 기다리던 중이었다. 그때 어디선가 자녀와 통화하는 듯한 한 아저씨의 목소리가 들려왔다. 소리에 이끌려 무심결에 시선을 옮겼고, 나도 모르게 그를 잠시 훑어보았다.

값비싸 보이지 않는 패딩, 조금 낡은 신발, 브랜드가 없어 보이는 가방. 그냥 스쳐 지나칠 수도 있었는데, 그의 목소리에 묻어나는 따스함이 발걸음을 멈추게 했다. 짧은 통화였기에 사정을 알 수는 없었지만, 자녀를 대하는 말투만큼은 열 살 남짓한 딸을 둔, 세상 어디에나 있는 다정한 '딸바보 아빠' 같았다.

1분도 채 안 되는 통화를 들으며 나도 모르게 상상의 나래를 펼쳐 본다. 자신을 위한 물건은 좀처럼 사지 않지만, 아낀 돈으로 딸에게 필요한 걸 챙겨 주는 아빠. 술값이 부담되어 친구들과 자주 만나지는 못하지만, 그렇게 모은 돈으로 차근차근 집을 마련해 가는 성실한 가장. 아내에게 잡혀 사는 것처럼 보이지만, 그게 곧 행복이라는 걸 아는 남편.

물론 겉모습과 달리 검소한 부자일 수도 있고, 혼자서 아이를 키우는 아빠일지도 모른다. 대체로 퇴근길 직장인들의 얼굴엔 피로가 묻어나기 마련인데, 그의 얼굴에서는 오히려 지친 기색보다 즐거움이 더 크게 배어 있었다. 그래서였을까. 그 순간의 그는 내가 상상한 바로 그 모습과 겹쳐 보였고, 괜히 마음 한 켠에서 부러움이 일었다.

그런데 문득 떠오른 또 다른 얼굴이 있다. 내 지인 중 한 사람은 가족이 있음에도 깊은 외로움을 토로하곤 했다. 고등학생 자녀와는 언제 마지막으로 진지한 대화를 나눴는지 기억조차 나지 않고, 아내와의 관계도 점점 의례적인 수준에 머물러 버렸다고 했다. 마흔 중반을 넘기면서는 회사에서 갑작스러운 권고사직이나 희망퇴직을 맞을지 모른다는 불안이 늘 마음을 짓눌렀고, 앞으로 더 많은 돈이 필요할 때 여윳돈 하나 마련해 두지 못했다는 현실이 더욱 무겁게 다가왔다. 그래서 그는 밤마다 막막함 속에서 뒤척이며 쉽게 잠들지 못한다고 했다.

주변에서는 그에게 젊었을 때 자녀와 시간을 더 나누고, 아내에게도 따뜻하게 대했더라면 지금처럼 고립감을 느끼지는 않았을 거라며 원인을 그의 탓으로 돌리곤 했다. 틀린 말은 아니었지만, 그는 자신이 가족을 위해 할 수 있는 최선이 회사에서 묵묵히 일하고, 부족한 살림살이에 조금이라도 보탬이 되는 것이라 믿었다. 각종 수당이 붙는 힘든 일에도 주저 없이 뛰어든 까닭도 거기에 있었다.

하지만 세월이 흘러 돌아보니, 퇴근 후 집에 들어서는 순간 그는 점점 투명인간이 된 듯한 기분에 사로잡혔다. 가족은 곁에 있지만, 그 속에서 자신과 함께 웃는 이는 없는 것만 같았다. 고개를 숙이고 있던 그의 얼굴에는 책임이라는 이름으로 버텨 온 세월이 남긴 공허함이 고스란히 배어 있었다.

나는 여전히 결혼이라는 길 앞에서 머뭇거린다. 언젠가 누군가의 곁에서 다정한 남편이자 아버지로 살아갈지, 아니면 지인처럼 책임을 다하면서도 마음 한 켠의 외로움을 품고 살아가게 될지, 아직은 알 수 없다.

어쩌면, 그날 정류장에서 보았던 따뜻한 아버지도 집 안에서는 또 다른 외로움을 겪고 있을지 모르고, 외롭다고 말하던 그 지인 역시 가족의 곁에서 자신만의 방식으로 위로받고 있을지 모른다.

행복과 외로움은 그렇게 엇갈리며, 누구에게나 동시에 머무는 감정이 아닌가 싶다. 어쩌면 삶이란, 행복과 외로움을 저울질하기보다 그 두 감정을 함께 품고 걸어가는 일 아닐까.

봄의 강박

언제부턴가 봄이면, 벚꽃이 피는 그 짧은 시기를 놓치지 말아야 한다는 조급한 마음이 생겼다. 벚꽃이 흐드러진 곳을 다녀와야만 그해 봄의 추억을 제대로 남긴다고 믿었던 것 같다. 하지만 돌이켜 보면, 내 인생의 모든 봄이 선명하게 기억나는 건 아니다. 봄이 다른 계절보다 조금 특별하게 느껴졌던 건, 겨울을 지나 처음으로 공기가 부드러워지고, 굳어 있던 마음에 햇살이 스며들던 그 찰나의 감각 때문이었을 것이다. 그래서 그중 몇몇이 기억에 남아 있을 뿐이다.

조금은 오래 살다 보니, 이제 누가 이렇게 물어 온다면 쉽게 대답하기 어려울 것 같다. "서른한 살 봄엔 누구와 어디를 갔었지?" "마흔셋, 그해 4월엔 뭘 하며 보냈더라?"

기억나지 않는다고 해서 그해 봄이 의미 없는 시간이었던 건 아닐 것이다. 오랜 시간이 지난 후엔, 한때 그렇게 집착했던 많은 것들이 결국엔 별일 아니었다는 걸 알게 되듯, 지금 내가 '꼭 이걸 해야만 해'라고 느끼는 마음 역시 언젠가 돌아보면 그리 큰일이 아닐지도 모른다.

그렇다고 인생이 무의미하다는 뜻은 아니다. 다만, 너무 애쓰지 않아도 괜찮다. 다음 봄이 오면 또 꽃은 피고, 나는 그 자리에 있을 테니까.

사랑이라는 이름

　사랑하는 연인 사이. 일주일에 몇 번은 만나야 하고, 일정은 공유해야 하고, 무엇이든 솔직해야 한다고 말한다. 물론 그 사람을 아끼는 마음에서 비롯된 것이겠지만, 그 안에는 어쩌면 내 외로움을 채우고 싶은 마음, 불안하지 않고 싶다는 욕심도 함께 섞여 있다.

　어머니의 재활 운동. 몇 차례의 수술 끝에 거동이 불편해진 어머니가 다시 건강을 회복해, 예전처럼 자유롭게 이곳저곳 다니실 수 있기를 바라는 마음이 크다. 하지만 그 바람의 한편에는 어머니가 건강해야 내 삶도 조금 더 편안해진다는, 나도 모르게 스쳐 간 속내가 겹쳐 있다.

　먼저 하늘로 떠난 누나. 하고 싶은 일 제대로 해 보지도 못하고, 억울한 일들까지 겪으며 이른 나이에 삶을 마감한 게 안타깝고, 지금도 그리운 마음에 가슴이 시리다. 그러나 그 슬픔 뒤에는 언제나 나를 믿어 주고, 이유 없이도 내 편이 되어 주던 사람이 사라졌다는 사실 앞에서, 이제 나는 누구에게 기대야 하냐는 막막함이 스며 있었다.

　가끔은 그런 생각이 든다.
　내가 '사랑'이라는 이름으로 품고 있는 감정들 속에는, 어쩌면 나를 위한 욕심이 더 많이 섞여 있는 건 아닌지.

　그렇다고 해서 그 마음이 가짜는 아닐 것이다. 완전히 무사한 사랑이란 애초에 불가능한 것일지도 모른다. 그 사실을 인정하게 되면, 조금은 편안해진다. 사랑은 누군가를 향해 흘러가지만, 결국 그 안에서 나 자신을 배우게 되는 일인지도 모른다.

우리는 그렇게, 조금 모자란 사랑을 주고받으며 살아간다. 때로는 어설프게 상처를 주기도 하고, 때로는 미숙한 위로를 건네기도 하면서.

그래도 그 마음의 온기가 완전히 식지 않는 한, 우리는 여전히 사랑 안에서 살아가고 있을 것이다.

범위

뉴스에서 한 기업 회장이 경영난을 호소하며 눈물을 보이는 장면을 본 적이 있다. 댓글창은 냉소로 가득했다.

"저렇게 부자가 무슨 고민이 있겠어."

"수천억 가진 사람이 눈물 흘리는 건 사치일 뿐."

"진짜 힘든 건 월세 걱정하는 서민들이지, 회장님 걱정은 안 해도 돼."

나 역시 처음엔 비슷한 생각을 했다. 그런데 잠시 후, 마음속에 질문이 스쳤다. 나는 과연 저 사람의 무게를 조금이라도 짐작할 수 있을까? 수천 명의 생계를 책임지는 부담, 단 한 번의 실수로 모든 것이 무너질 수 있다는 두려움. 그 속에서 매일 아침을 맞이한다는 건 어떤 기분일까.

우리는 흔히 '공감한다'는 말을 쉽게 내뱉는다. 누군가의 아픔에 함께 울고, 기쁨에 함께 웃는다고 말한다. 하지만 곰곰이 생각해 보면, 내가 진심으로 공감할 수 있었던 순간들은 결국 내가 겪어 본 감정의 범위를 넘지 못했다.

공들였던 프로젝트가 실패했을 때, 사람들은 "다음엔 더 잘할 수 있어"라고 위로했지만, 내겐 쏟아부은 시간과 노력이 한순간에 사라진 듯한 허무함만 남았다. 지금의 나는 후배에게 "실패도 자산이야"라고 말하지만, 그 말이 그의 좌절 한가운데 닿을 수 있을까. 사실은 이미 지나온 사람의 입장에서 가볍게 던지는 위로에 불과할지도 모른다.

하루가 툭, 말을 걸었다

올림픽 시상대에 선 선수가 눈물을 흘릴 때, 우리는 "감동적이다"라고 말하지만 그 눈물 한 방울에 담긴 무게, 끝없는 새벽 훈련과 부상의 통증, 수없이 흔들렸던 마음 그 모든 시간을 나는 얼마나 헤아릴 수 있을까.

'아는 만큼 보인다'는 말이 있다. 그러나 그 '아는 만큼'조차도 결국 내가 살아 낸 범위, 내가 겪어 본 감정의 스펙트럼 안에서만 작동하는 것 같다. 아무리 많은 책을 읽고, 수많은 이야기를 듣고, 영상을 본다 해도, 직접 겪지 않은 감정의 결까지 온전히 느끼기는 쉽지 않다는 걸 느낀다.

내가 누군가를 이해한다고 말할 때, 그것은 완전한 이해가 아니라, 내 경험의 자리에서 최선을 다해 가까이 다가가려는 시도일 뿐이라는 것. 그래서 요즘 내겐 "이해해"라는 말이 조심스럽다. 다만 곁에 서서 조용히 마음을 기울이는 일, 그 한계 속에서 애쓰는 마음. 어쩌면 그것이 공감의 진솔한 형태일지 모르겠다.

조연의 빛

바이올린 독주회장에서, 나는 활과 현이 빚어내는 마법에 취한다. 연주자의 손끝에서 흘러나오는 선율은 때로는 속삭이듯 부드럽게, 때로는 격정적으로 치솟으며 공간을 가득 메운다. 그의 표정 하나하나, 몸짓 하나하나가 음악과 어우러져 춤추는 모습에 나는 숨을 죽이고 바라본다. 얼마나 많은 밤을 악보와 씨름했을까, 얼마나 많은 시행착오를 거쳐 이 완벽한 순간에 도달했을까. 그런 생각들이 물결처럼 밀려온다.

그런데 불현듯, 시야의 가장자리로 다른 존재가 스며든다. 피아노 앞에 앉아 있는 반주자. 그래, 늘 거기에 있었지. 그들의 존재는 공연의 일부이면서도 내 눈에는 거의 비치지 않았다. 그들이 실수하는 모습을 거의 본 적이 없었기에, 떨림과 부담은 독주자만의 몫이라고만 여겼다. 하지만 문득 이런 생각이 들었다. 만약 내가 반주자의 입장이라면 어떨까. 작은 실수 하나가 독주자의 흐름에 그림자를 드리울 수 있다는 사실, 그것이야말로 더 큰 압박일지도 모른다.

독주자의 실수는 때로 웃음과 개성으로 받아들여지지만, 반주자의 작은 틈새는 곧 전체의 균열이 될 수 있다. 가수 뒤의 백댄서들, 주연을 받쳐주는 앙상블 배우들. 눈에 띄지 않는 듯 배경에 서 있지만, 그들이 있기에 공연은 입체감을 얻고, 이야기는 풍성해지며, 무대는 완성된다. 나는 뒤늦게, 무대를 이루는 것은 언제나 빛나는 한 사람의 힘만이 아니라는 사실을 실감한다.

하루가 툭, 말을 걸었다

공연이 끝나고 집으로 돌아오는 길, 나는 오늘 하루를 떠올려본다. 친구가 힘든 이야기를 털어놓을 때 그저 옆에 앉아 들어 주었던 저녁, 동료의 작은 성취를 진심으로 축하해 주었던 순간. 그 순간들에서 나는 누군가의 반주자였다. 반대로 내가 새로운 일에 도전한다고 했을 때 응원해 준 친구, 내 소소한 자랑에도 "대단한데!"라며 함께 즐거워해 준 가족들.

우리는 각자의 무대에서는 주인공이지만, 동시에 누군가의 삶에서는 조용한 조연으로 서 있기도 하다. 오늘 무대 위 그 반주자의 뒷모습이, 어쩐지 내 삶의 어떤 순간과 겹쳐 보였다.

나의 인생 시계

아주 오래전, 기억에 남는 공익광고가 하나 있다.
2006년에 방영된 '환경수명' 편.

종이컵은 분해되는 데 20년,
비닐봉지는 50년,
스티로폼은 무려 500년이 걸린다고 했다.

그 광고를 보며 문득 생각했다.
"…그렇다면 나의 삶은 어떤 속도로 소멸하고, 또 어떤 방식으로 남아 있을까?"

내가 세상 최고는 아니라는 걸 받아들이는 데 - 10년.
돈이 사람의 마음을 움직인다는 사실을 깨닫는 데 - 12년.
원하는 대학의 문턱이 그리 낮지 않음을 체감하기까지 - 18년.
노력이 언제나 결과로 이어지지는 않는다는 걸 알게 된 건 - 21년.
자유란 거창한 것이 아니라, 새벽 세 시 라면 한 그릇에도 깃들 수 있다는 걸 - 25년.
군대조차 시간이 흐른 뒤엔 나를 단련시킨 과정이었음을 - 30년.
부모님이 살아 계실 때의 시간이 얼마나 귀한지 깨달은 건 - 31년.
공부가 삶의 전부가 아님을 받아들인 건 - 33년.
돕는 행위가 언제나 도움으로 귀결되지는 않는다는 걸 배운 건 - 35년.
막내로서 누렸던 가벼운 자리가 얼마나 소중했는지 알게 된 건 - 37년.

인생이 '정답'을 찾는 길이 아니라 '해석'을 쌓아 가는 과정이라는 걸 -
40년.

그렇게 쌓인 깨달음들이,
어느새 내 안에서 하나의 시계처럼 똑딱거리며
나를 이끌고 있었다.

그리고 지금 이 순간에도
내 인생의 시계는 조용히,

똑 — 딱
똑 — 딱

흘러가는 시간이 내게 남기는 작은 교훈들을
나는 느긋하게,
그리고 서툴지만 진지하게 쌓아 가고 있다.

포도 위의 평화

작은 땅굴 위, 두 송이 포도가 가지런히 놓여 있고, 그 위에 토끼 한 마리가 느긋하게 몸을 기댄 채 눈을 감고 포도를 씹어 먹는다. 그 평화로운 모습은 한 폭의 그림처럼 고요했다.

영상 속 댓글에는 이런 반응이 이어졌다.
"인생 뭐 별거 있나 짤이네."
"너처럼 살고 싶다."
"토끼 팔자 상팔자네."
"먹다가 그냥 자면 되겠다. 세상 제일 부럽다."

영상을 본 또 다른 이는 이렇게 고백했다. 가진 재산을 모두 정리해 지방으로 내려가고 싶다고. 끝없는 경쟁과 지친 일상에서 벗어나, 작은 것에도 만족하며 살고 싶다고.

그 말을 들으며 나 역시 잠시 마음이 흔들렸다. 여유롭고, 덜 지치며, 비교의 무게에서 벗어난 삶. 타인과 비교하지 않으면 된다는 걸 알지만, 그것이 뜻대로 잘되지 않는다. 행복을 얻기 위해 애쓰지만, 정작 행복은 늘 갈증처럼 멀리 있다. 그래서 종종 두 갈래 길에서 발걸음이 머뭇거린다.

생활환경이 좋은 도시에서 더 많은 것을 얻기 위해 자신을 소모하며 겪는 스트레스와, 환경은 다소 불편하더라도 비교와 경쟁이 덜한 곳에

하루가 툭, 말을 걸었다

서 부족함과 불편함을 감수하며 받는 스트레스. 이 둘 가운데 과연 어느 쪽이 좀 더 가벼울까? 아니, 그 무게가 정말 크게 다르기는 할까?

어쩌면 평화는 어느 한쪽에만 깃드는 건 아닐지도 모른다. 고요한 시골에도, 분주한 도시에도 각자의 리듬과 위로가 숨어 있으니까.

그럼에도 내가 지금의 삶을 쉽게 놓지 못하는 건, 아마도 경쟁과 비교로 지친 삶도 무겁지만, 여전히 도시에서 이루고 싶은 것도, 하고 싶은 일도 많은가 보다.

위로: Solace

아침마다 손에 쥐는 머그잔의 손잡이가 조금 깨져 있다.
처음엔 버려야 하나 싶었지만,
이젠 그 흠집이 왠지 마음을 편하게 한다.
나도 이 잔처럼 오래 쓰이다 보면,
조금쯤 깨져도 괜찮겠다는 생각이 든다.

한때는 나 자신이 힘들어하는 모습을 허락하지 않았다.
'조금 더 노력하자.'
'나만 힘든 건 아니잖아.'
'나보다 더 힘든 사람도 많아.'
그 말들로 하루를 버텼지만,
사실은 나 자신을 몰아세운 날들이었다.

이제는 다르게 말한다.
'괜찮아, 오늘은 그냥 이대로 있어도 돼.'
'그동안 충분히 잘해 왔어.'

커피 한 모금을 삼키며, 잔의 온기가 손끝을 따라 번진다.
위로란 어쩌면 새로운 힘을 내는 게 아니라,
식지 않은 온기를 잠시 품어 두는 일이다.

하루가 톡, 말을 걸었다

6장. 세상살이 관찰기

개인의 이야기에서 한 걸음 물러나 사회와 일상을 바라본다. 에세이와 칼럼의 경계에서, 때로는 무겁고 불편하지만 그 모든 장면을 지나며, 서로 다른 생각과 풍경 속 삶의 결을 다른 온도로 그려 낸 담담한 기록.

타인이 입혀 준 옷

가만히 돌아보면, 나는 종종 나 자신이 잘나서가 아니라 어떤 자격이나 이미지, 혹은 외부의 배경 덕분에 사랑을 받고, 인정을 받았던 순간들이 있었다.

'누구누구의 아들'이라는 이유로 시골 동네 어른들에게 따뜻한 관심과 사랑을 받았던 기억. 친구와 다투었지만 '반장'이라는 타이틀 덕에 다른 반 선생님께 혼나지 않고 넘어갔던 순간. 사람들에게 존경받던 선배가 내 이름을 칭찬 섞어 언급했을 뿐인데, 그 한마디가 나를 예상보다 훨씬 괜찮은 사람으로 보이게 만들었던 그 장면. 엄마랑 함께 다니기만 했을 뿐인데 주변에서 '효자'라고 불리며 좋은 시선을 받았던 일까지.

그 모든 순간에 나는 조금 과한 칭찬을 받았고, 때로는 그 이미지가 나를 실제보다 더 나은 사람처럼 포장해 주기도 했다. 그런데 이제 와 돌아보면, 그때 사람들이 좋아해 준 건 진짜 내 모습이었을까? 아니면 그저 내가 걸치고 있던 '이름표'나 '이미지' 때문이었을까?

그럼에도 불구하고, 그런 기대와 이미지가 나를 조금 더 괜찮은 사람으로 만들어 준 건 아닐까 싶다. 때로는 타인이 나에게 입혀 준 옷이 내가 입고 싶은 옷이 되기도 하니까.

일상의 반전

회식 자리.

나에게는 그저 흔하디흔한 술자리 중 하나일 뿐이다. 그런데 예전, 어느 여직원이 아이들 육아에 치여 1년에 한두 번 주어지는 이 시간이 '공식적인 일탈'이라며 설레는 마음으로 준비한다는 이야기를 듣고, 괜히 가슴이 찡해졌던 기억이 난다.

패밀리 레스토랑.

사실 내가 먼저 찾는 곳은 아니다. 대개는 여직원들이 많거나, 술을 마시지 않는 자리에 어쩔 수 없이 가게 되는 그런 장소. 하지만 누군가에겐, 온 가족이 한 테이블에 둘러앉아 웃고 떠들며 식사해 보고 싶은 꿈같은 공간일지도 모른다.

가족과의 술자리.

시집간 누나들이 비교적 가까이에 살기에, 마음만 먹으면 어렵지 않게 만들 수 있는 시간이다. 그런데 지인 중 한 명은 그런 경험을 한 번도 겪어 보지 못했다는 이야기를 듣고, 이유 모를 미안함이 마음에 남았다.

해외여행.

누군가에겐 1년에 한두 번씩 다녀오는 연례행사일지 몰라도, 나는 삼십대 중반을 넘기도록 한 번도 가 보지 못했다. 조금 더 솔직히 말하면, 함께 갈 사람이 없었다.

　　　　　　　　　　하루가 툭, 말을 걸었다

결혼 생활.

누군가에겐 웃고, 울고, 기뻐하고, 때론 걱정도 하는 그런 날들의 반복일지 모른다. 하지만 나에겐 아직 한 번도 발을 디뎌 보지 못한, 조금은 낯설고 먼 이야기. 가까이 있는 듯하면서도, 여전히 미지의 세계다.

내게는 너무도 당연한 일상이 누군가에겐 간절한 바람이 되기도 하고, 누군가에게는 지극히 평범한 하루가 나에게는 용기를 내야만 가능한 도전이 되기도 한다.

생각해 보면, 일상의 차이는 가진 것보다 바라보는 방식의 차이인지도 모른다. 그래서 나는 오늘도 내 평범한 하루를 새삼스레 들여다본다. 그 안에서 작게 흔들리는 마음 하나가, 나를 조금은 다른 곳으로 데려다줄지도 모르니까.

각자의 기념일

2월 4일.

누군가에겐 사랑을 약속한 결혼기념일이고, 또 다른 누군가에겐 사랑이 끝난 날이다.

5월 13일.

어떤 이에게는 간절히 기다렸던 합격 소식이 들려온 날, 또 어떤 이에게는 오랜 시간 몸담았던 일터와 조용히 작별한 날이기도 하다.

7월 25일.

누군가에겐 축하받는 생일, 누군가에겐 그리움이 깊어지는 아버지의 기일.

하루의 숫자는 같아도, 이렇게 다른 의미로 존재한다. 어떤 날은 축하 케이크와 함께 기억되고, 어떤 날은 홀로 조용히 떠올려진다.

어버이날, 추석, 크리스마스처럼 모두가 같은 마음으로 기념하는 날도 있다. 하지만 돌이켜보면 그런 날은 1년에 몇 번 되지 않는다. 대부분의 날들은 각자의 이유로, 각자의 방식으로 기억된다.

누군가는 매년 그날이 오면 익숙한 음식을 먹고, 누군가는 아무도 모르게 촛불을 켠다. 누군가는 일부러 바쁘게 움직이며 그날을 지나 보낸다. 기념하는 방식도, 기억하는 온도도 모두 다르다.

하루가 톡, 말을 걸었다

그렇게 365일 동안, 세상이라는 거대한 달력 위에서 80억 개의 마음이 저마다의 이유로 하루하루를 특별하게 새긴다. 어떤 날은 빨간색으로, 어떤 날은 파란색으로, 어떤 날은 아무 색도 칠하지 않은 채로.

내가 무심코 지나친 오늘 하루가, 누군가에겐 평생 기억될 날이다. 그렇게 우리는 각자의 달력을 가지고 살아간다.

커버 한 장의 세계

가수에 대한 정보라곤 앨범 커버와 내지 한 장이 전부이던 시절이 있었다. 어릴 적 누나들이 즐겨 듣던 팝송은 내게 완전히 새로운 세계였다. 그 무렵엔 카세트테이프만큼이나 LP도 흔했고, 전축이라 불리던 오디오 옆에 책처럼 가지런히 꽂혀 있던 LP들은 어린 나에게 세계 동화 전집보다 더 큰 호기심을 자극했다.

그중에서도 누나들이 자주 듣던 Boney M, Dschinghis Khan, Arabesque, The Dooleys, ABBA… 그들의 LP 커버는 그 자체로 한 편의 상상 소설 같았다. 화려한 의상, 기묘한 헤어스타일, 이국적인 배경까지. 커버 한 장만으로도 나는 머릿속에서 그들의 세계를 마음껏 펼쳐 그려 내곤 했다.

시간이 흐르면서 관심은 더 많은 팝 가수들과 국내 아티스트들로 옮겨 갔고, 그 시절 좋아하던 이들은 점점 기억 저편으로 밀려났다. 그래도 불현듯 스치는 멜로디 하나에 다시 꺼내 듣게 되는 노래들로 남아 있었다.

얼마 전, 유튜브에서 우연히 그 가수들의 옛 라이브 무대를 보게 됐는데, 예상치 못한 놀라움이 밀려왔다. LP 커버 속에서 그리던 모습보다 훨씬 세련돼 있었고, 오히려 지금보다 더 과감하고 파격적인 분위기가 새삼 신선하게 느껴졌다. 특히 Boney M의 데뷔 무대는 70년대에 이런 무대 연출이 가능했단 사실 자체가 인상 깊었고, The Dooleys의

'Wanted' 인트로에 흐르는 전자음을 다시 들으니 그 시대 사운드라고 믿기 어려울 만큼 감각적이었다.

무엇보다 내가 미국 가수라 생각했던 많은 유로팝 그룹들이 사실은 독일 출신이었다는 점이 뜻밖이었고, 이미 그 시절에도 현재 우리나라의 음악방송과 유사한 포맷이 있었다는 사실은 더 큰 흥미로 다가왔다.

예전엔 앨범 커버 속 모습만으로도 그들이 신비롭게 다가왔는데, 실제 무대를 보니 마치 빛바랜 필름 속 장면이 눈앞에 생생히 재현된 듯했다. 낯설면서도 어딘가 친근하고, 오래된 듯하면서도 새로웠다. 세월이 흐르면 모든 게 빛바랜 기억으로 남을 줄 알았지만, 되려 시간이 그 시절을 더 빛나게 만들고 있었다.

그건 단순한 추억이라기보다는 지나간 시간이 다시 나를 감동하게 만든, 어쩌면 또 한 번의 첫 만남이었다.

계급표에 갇힌 집의 가치

어릴 적, 작은 시골 마을에서 읍내로 이사하던 무렵. 아버지는 동네에서 손꼽히게 비싸다는, 작은 3층짜리 단독주택을 구입하셨다. 우리 가족 모두 그 집을 무척 좋아했고, 그곳엔 오래도록 추억이 머물렀다. 그 시절엔 서울에 사는 삼촌들 집보다 우리 집값이 더 비싸다고들 했다. 물론 서울의 어느 동네냐에 따라 다르겠지만, 당시엔 우리 집 살 돈이면 서울 웬만한 주택 두 채도 살 수 있다는 말도 있었다. 그만큼 지방이라도 집이 좋으면 값이 높던 시절이었다.

얼마 전, 우연히 '부동산 계급표'라는 커뮤니티의 글을 보게 됐다. 그 글에는 지역을 '왕족, 귀족, 평민, 노비, 재활용'으로 구분해 놓은 표가 있었다. 강남과 서초는 '왕족', 잠실과 목동, 과천은 '귀족', 그 아래로 마포, 용산, 판교, 송파는 '중앙귀족'…. 서울과 수도권을 9단계로 나눈 분류였는데, 나는 그중 여덟 번째인 '노비'에 속해 있었다. 고양시를 제외한 경기 북부와 지방은 심지어 '재활용'이라는 계급으로 묶여 있었다.

순간, 씁쓸한 마음이 들었다. 예전에는 '어느 동네냐'도 중요하지만 '어떤 집이냐'도 결정적인 기준이었는데 지금은 오래되고 좁아도 서울 주요 지역에 있다는 이유만으로 시세는 가파르게 상승한다. 지방에서 나고 자란 사람들, 혹은 일터가 지방이라 그곳에 머물 수밖에 없는 사람들에게 이 격차는 좀처럼 좁혀지지 않는다.

생각해 보면 집은 우리 삶의 풍경을 담는 그릇이었다. 웃음과 눈물이

하루가 톡, 말을 걸었다

쌓이고, 계절마다의 빛과 공기가 스며드는 공간. 그래서 그 안에서의 기억이 곧 집의 가치가 되곤 했다. 하지만 지금은 추억보다 시세가 먼저 불리고, 삶의 무게보다 가격표가 앞서는 세상이 된 느낌.

투자 감각이나 집을 고르는 안목도 분명 하나의 능력이겠지만, 그저 머무는 자리가 다르다는 이유만으로 누군가는 불리한 처지에 놓일 수밖에 없다는 사실이 마음을 씁쓸하게 한다. 집은 본디 삶을 품는 곳이어야 할 텐데, 언제부터인지 그 의미는 점점 희미해지고 있는 듯하다.

안목

우리는 우리가 좋아하고, 인정하며 열광하는 것들에 대해 과연 얼마나 객관적인 시선으로 바라보고 있을까?

사람들이 줄 서서 먹는 맛집의 닭볶음탕은 동네 작은 식당의 손맛 좋은 할머니가 해주신 닭볶음탕보다 정말 그렇게 맛의 차이가 있을까?

명품이라 불리는 제품에서 상표를 떼고, 중저가 브랜드 라벨을 붙여 놓는다면, 그것을 처음 봤을 때 우리는 명품을 보듯이 반하게 될까?

유명 화가들의 전시 한가운데, 한 무명 화가의 작품이 조용히 놓여 있다면 얼마나 많은 사람들이 그 차이를 알아볼 수 있을까?

어떤 존재가 '선망의 대상'이 되기까지는 분명 오랜 시간의 노력과 실력이 필요할 것이다. 셰프의 정성이 담긴 요리나 명품이 지닌 품격, 거장의 작품이 가진 깊이를 깎아내리려는 것은 전혀 아니다. 다만 가끔은, 우리가 자부하는 그 '높은 안목'이 정말 객관적인 기준에서 비롯된 건지, 아니면 타인의 시선과 평가에 기대어 만들어진 건지 문득 의문이 들 때가 있다.

하루가 톡, 말을 걸었다

유명세

사람들의 관심과 인지도로 살아가는 이들은 때때로 그만큼의 '유명세'를 치르곤 한다. 일반인의 경우엔 성형을 하든, 연애를 하든, 혹은 잘못을 저질러도 결국 자신만 책임지면 끝이다. 하지만 방송인이나 정치인들은 구설수에 오르거나 가족까지 언급되기도 하고, 심한 경우에는 활동을 접게 되기도 한다.

처음부터 솔직하고 털털한 이미지를 보여 주는 사람도 있지만, 생각해 보면 우리는 그들이 보여 주고 싶어 한 이미지를 좋아했던 걸지도 모른다. 그런데 문득 이런 생각이 든다. 유명인이 아닌 우리도 어쩌면 각자의 '이미지'를 만들며 살아가고 있는 건 아닐까.

실력은 부족해도 능력 있어 보이고 싶고, 질투가 나도 쿨해 보이고 싶고, 화가 나도 젠틀한 사람이고 싶고, 유치한 걸 좋아하지만 교양 있어 보이고 싶은 마음. 나 역시 그런 마음을 품고 산다. 그래서 그게 얼마나 피곤하고, 스스로를 감추게 되는 일인지도 안다.

그렇게 해서 얻고자 하는 것이 있다면 그만큼 희생되는 부분도 분명 있을 것이다. 마치 유명세를 치르는 방송인이나 정치인들처럼 말이다.

익숙함의 틀

"지인이 집에 오면, 차 한 잔 정도는 내야 한다."

"내 결혼식 때 축의금을 받았다면, 그 사람 경조사엔 최소한 그만큼은 해야 한다."

"지인의 아이를 보면 얼마라도 용돈을 건네는 게 예의다."

"남의 집을 방문할 때는 음료수 하나라도 사 들고 가는 게 기본이다."

"어른께서 가실 땐 문밖까지 나가 정중히 배웅해야 한다."

"술자리에선 어른보다 먼저 잔을 들지 않는다."

어릴 때부터 부모님이나 주변 어른들에게 들어온, 사람 사이에 지켜야 할 기본적인 도리들이다. 문제는 이런 도리들이 내 머릿속에서 일종의 '규범'처럼 굳어져, 누군가 그것을 지키지 않으면 쉽게 '예의 없는 사람'이라 단정 지었다는 것이다.

커피 내어 주는 게 싫어서가 아니라, 그냥 커피 줄 생각을 못 했을 뿐인데…

예전에 받은 축의금을 정확히 기억 못 해서, 결과적으로 적게 냈을 뿐인데…

갑작스럽게 동행하게 된 방문이었고, 주변에 마트가 없어 아무것도 챙기지 못했을 뿐인데…

나는 그런 사정을 묻기 전에 먼저 '예의 없음'이라는 이름표를 붙여 버렸다. 내가 아는 것이 세상의 기준인 양, 그 기준에 맞춰 남을 판단하고 구분 지었던 지난 시간들.

　어쩌면 나는, 상대의 사정보다 내가 배운 방식에 더 익숙했고, 그 익숙함 안에서 '옳음'을 만들고 있었는지도 모른다. 물론 도리는 중요하다. 사람 사이에 배려와 존중을 나누는 좋은 틀일 수 있다. 하지만 그 도리가 진짜 의미를 가지려면, 각자의 처지와 맥락도 함께 헤아릴 수 있어야 하지 않을까.

　도리는 '지켜야 할 것'이기 전에, '함께 살아가기 위한 마음'이어야 하니까.

취향

사람들에게 물어본다. "좋아하는 게 뭐예요?"

"등산이요. 햄버거요. 보라색이요. 파인애플이요. SF 영화요. 술이요. 고양이요." 답은 언제나 다양하다.

다른 사람들에게도 물어본다. "그럼, 싫어하는 건요?"

그런데 놀랍게도, 똑같은 대답이 돌아온다.

"등산이요. 햄버거요. 보라색이요. 파인애플이요. SF 영화요. 술이요. 고양이요."

누군가의 '좋아함'은 다른 누군가의 '싫어함'으로 존재한다. 마트에 가면 내가 한 번도 집어 본 적 없는 물건이 꾸준히 팔리고, 비평가에게 혹평받은 영화가 누군가에겐 인생작이 된다.

한 번은 대학 시절 MT에서 친구들이 나에게 '댄스타임에 틀 음악'을 맡겼다. 평소 음악을 좋아하던 나는 자신이 있었고, 신이 났다. 그때 나는 정말 좋아하던 유럽의 EDM 곡들을 골라 더블테크로 옮기며 플레이리스트를 완성했다. 하지만 막상 댄스타임이 시작되자 친구들은 어딘가 어색했다. 비트는 빠른데, 익숙하지 않은 리듬이라 언제 몸을 움직여야 할지 몰라 서로 눈치를 보고 있었다. 결국 음악은 흘러가고, 친구들은 멀리서 들려오는 다른 과의 노래에 맞춰 춤을 춰야 했다. 그 모습을 보며 알았다. 내가 좋아하는 것이 모두의 '흥'을 끌어올리는 건 아니라는 걸.

비슷한 일은 자동차 이야기에서도 있었다. 멋진 세단을 보면 나도 잠시 눈이 가지만, 결국 마음이 머무는 곳은 해치백이나 작은 SUV였다. 실용적이면서도 아기자기한 디자인이 좋았기 때문이다. 하지만 차 이야기를 나누던 친구들이나 동료들이 그런 모델을 먼저 꼽는 경우는 거의 없었다.

그래서 한동안은 무난한 선택만 했다. 의사결정을 할 때도, 식당을 선택할 때도, "다들 좋아할 만한 것"을 먼저 떠올렸다. 그런데 오랜 시간, 그런 선택 속에서 나는 점점 나 자신이 희미해지는 걸 느꼈다. 취향이란 건 결국 '나의 모양'이라는 걸 조금 늦게서야 알게 되었다.

내가 좋아하는 음악, 옷, 취미, 사람들. 그건 세상이 내게 건넨 선택지가 아니라, 내가 세상에 내미는 신호였다. 타인의 취향을 존중한다는 건, 결국 각자의 세계를 인정하는 일이다. 어쩌면 세상은, 각자의 취향이 얽히고 부딪히며 서로의 세계를 넓혀 주는 커다란 취향의 생태계인지도 모른다.

오늘도 나는 커피를 탄다. 하지만 사람들이 좋아한다는 원두커피가 아닌, 내가 좋아하는 달달한 믹스커피로.

변이

진화는 변이가 있기에 가능하다. 완벽히 똑같은 존재들로는 변화도, 적응도, 발전도 이뤄지지 않는다.

사람들은 때때로 단지 다수에 속한다는 이유만으로 그 선택이나 입장에 정당성을 부여하곤 한다. 그렇다면 정상의 기준은 과연 무엇일까. 조금 더 수적 우위에 있다고 해서, 그 다수가 곧 '정상'이 되는 것일까?

역사 속 동물들은 살아남기 위해 더 빠르고, 더 강하며, 더 유리한 쪽으로 진화해 왔다. 인간 역시 생존에 적합한 신체 조건을 중심으로 발전해 왔지만, 이제는 다른 능력들도 중요해졌다. 오늘날의 사회에서는 창의력, 공감, 개성 같은 능력이 과거의 사냥 기술만큼이나 생존을 좌우한다.

세상을 움직이는 천재 과학자와 프로그래머, 영화감독이나 사업가들은 언제나 소수였다. 그들은 대부분의 사람들과 다르게 생각하고 행동했으며, 다른 방식으로 세상을 바라봤다. 만약 다수의 기준으로만 판단한다면, 그들은 '비정상'으로 분류될 것이다. 하지만 역설적이게도, 그 '비정상적인' 사고방식이 세상을 경제적으로, 문화적으로 윤택하게 발전시켰다.

생각해 보면, 지금 우리가 정상이라 부르는 많은 것들도 한때는 비정상이었다. 여성의 사회 진출, 왼손잡이의 권리, 개성을 존중하는 교육

하루가 툭, 말을 걸었다

방식. 이 모든 것이 처음엔 '이상하다', '틀렸다'는 시선을 받았다. 오늘날의 사회에서 창의력, 공감 능력, 개성을 가진 사람이 더 나은 직장과 관계를 만들 수 있지만, 여전히 집단에서 조금만 벗어나도 우리는 불안해한다.

사람들은 어렸을 적 "미운 오리 새끼" 동화를 읽으며 모습이 다른 오리가 따돌림을 받고 어디에서든 환영받지 못하는 장면을 보며 안타까워한다. 그리고는 차별은 나쁜 것이라 배우고, 자신은 차별하지 않을 거라 여긴다.

하지만 실제로는 어떨까. 국적, 인종, 종교, 정치, 재산, 다양한 가치관. 이런 차이 앞에서 다수의 위치에 있을 때, 우리는 은연중 차별의 선을 긋는다. 차별받았던 이들이 다시 다른 누군가를 차별하고, 평등을 말하면서도 알게 모르게 경계를 만든다. 공인의 발언에는 내용보다 정치색을 먼저 씌우고, 모든 이를 품어야 한다는 종교도 역사 속에서 배제와 탄압을 행했다.

이런 예시들은 불편하게 읽힐지 모른다. 하지만 다수의 입장이 되었을 때, 소수를 무시하거나 차별하는 일은 우리 주변에서 어렵지 않게 찾아볼 수 있다. 나 역시 예외는 아닐 것이다. 어느 순간 내가 속한 다수의 관점에서 누군가를 '비정상'으로 바라보고 있었던 건 아닌지, 돌아보게 된다.

그래서 비판은 가능하되, 그 전에 한 번쯤은 내면을 깊숙이 들여다

보는 시간이 필요하다. 쉽게 단정하고 판단하는 일은 늘 조심스러워야
한다.

다름은 변화의 씨앗이고, 진화의 시작점이다. 우리가 '정상'이라는 틀
안에 모든 걸 가두려 할수록, 사회는 정체되고 개인은 위축된다. 결국,
진화란 다름을 받아들이는 용기에서 시작되는지도 모른다.

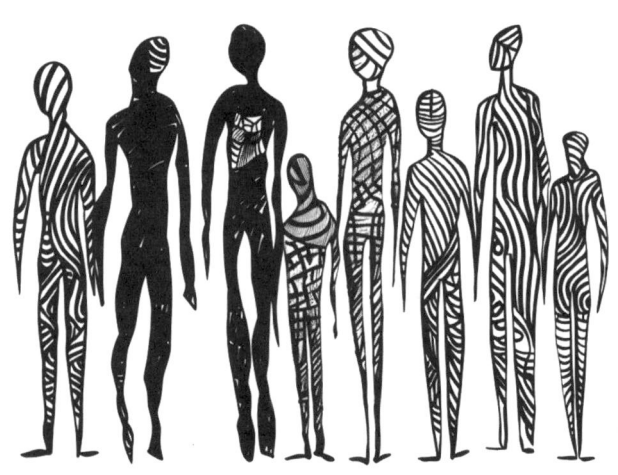

하루가 톡, 말을 걸었다

시선의 두 얼굴

'경험'과 '관록'이라는 단어는 흔히 긍정적인 의미로 쓰인다. 반면, '편견'과 '고정관념'은 다소 부정적인 뉘앙스를 담고 있다. 그런데 비슷한 상황 앞에서, 익숙한 유형의 사람 앞에서, 우리가 '그럴 것'이라 판단하는 그 순간. 그 판단은 과연 경험에서 비롯된 통찰일까, 아니면 그 경험이 남긴 흔적, 즉 편견이나 고정관념의 그림자일까?

뉴스에 흉악 범죄자가 나오면 사람들은 곧잘 이런 댓글을 단다. "역시 관상은 과학이야." 그런데 이 판단은 정말 얼굴을 오래 관찰해 온 경험의 결과일까? 아니면 드라마나 영화에서 봤던 범죄자들의 모습이 무의식중에 겹쳐진, '그런 인상은 위험할 것'이라는 고정관념일까?

날카롭거나 약간 위협적으로 느껴지는 인상을 가진 사람이 다가오면 순간 움찔했다가도, 그와 1~2년을 지내며 괜찮은 사람임을 알게 되면 우리는 이렇게 생각한다. "역시 사람은 인상만으로 판단하면 안 되는구나." 그렇다면 처음의 그 판단은 무엇이었을까.

"남자들은 여자보다 훨씬 활동적이고 운동을 좋아하며, 세세한 것보다는 큰 그림을 보는 데 강하다." 이런 생각은 남녀를 오래도록 관찰한 객관적 자료를 바탕으로 내린 통찰일까? 아니면 책이나 미디어, 혹은 주변 몇 명의 모습에서 부풀려진 편견일까.

"젊은 직원들은 열정적이지만 끈기가 부족해"라는 생각은 어떨까. 여러 세대와 함께 일하며 체득한 현장의 지혜일까, '요즘 애들'이라는 프레임이 만든 세대 편견일까?

이 질문들이 불편한 이유는, 경험과 편견의 경계가 우리가 생각하는 것보다 훨씬 모호하기 때문이다. 경험은 시간이 쌓여 만들어진 지혜처럼 느껴지지만, 사실 그 경험 속에는 내가 본 것, 내가 믿고 싶었던 것, 내가 익숙하게 받아들인 것들이 뒤섞여 있다. 그래서 같은 경험을 해도 사람마다 다른 결론에 도달하고, 때로는 그 결론이 편견으로 굳어지기도 한다.

문제는 우리가 그 둘을 구분하지 못한다는 게 아니라, 구분하려 하지 않는다는 것이다. "내 경험상"이라는 말 뒤에는 묘한 확신이 깃들어 있다. 마치 그 말 하나면 더 이상의 질문이 필요 없다는 듯이. 하지만 그 경험 속에 내가 보고 싶었던 것만 골라 본 건 아닌지, 내가 익숙한 틀에 끼워 맞춘 건 아닌지 돌아보는 일은 쉽지 않다.

삶은 우리에게 끊임없이 판단을 요구한다. 그리고 그 판단의 바닥엔 늘 한 가지 질문이 흐르고 있다. 나는 지금, 무엇으로 보고 있는가? 경험인가, 편견인가. 지혜인가, 익숙함이라는 이름의 무지일까.

이 질문에 명쾌한 답을 내놓기는 어렵다. 어제도 후배를 보며 '역시 요즘 세대는…' 하고 단정하려다 멈칫했고, 오늘도 누군가의 얼굴을 보며 괜히 마음속으로 재단하는 나를 발견한다. 아마 내일도 비슷한 순간은 찾아올 것이다. 그렇지만 경험과 편견 사이에 경계가 있다는 사실을

하루가 툭, 말을 걸었다

아는 것만으로도 조금은 달라질 수 있다고 믿는다. 그 작은 자각 하나가 나를 더 유연하게, 그리고 덜 날카롭게 만들어 줄 수 있지 않을까.

자기 보호

직장 생활, 사회생활을 하다 보면 마음에 걸리는 순간들이 생긴다. 아홉 번 잘해도 한 번의 실수에는 유난히 날 선 반응이 돌아오고, 평소엔 무뚝뚝하던 사람이 가끔 친절하게 대하면 그 순간만으로 괜히 분위기가 달라지곤 한다. 회식이나 사내 행사에 빠지지 않고 참석하면 당연하게 여겨지는데, 늘 얼굴을 비추지 않던 사람이 오랜만에 나타나면 더 크게 환영을 받는다. 말없이 묵묵히 일하던 사람에겐 다음 해에도 예외 없이 많은 일이 돌아갔고, 실수가 잦고 늘 어렵다고 하던 이들은 어느 순간 비교적 수월한 일로 옮겨져 있는 경우도 있었다.

한동안은 그런 상황에 쉽게 지쳤다. 자기주장을 앞세우는 사람들, 그걸 특별히 제지하지 않는 관리자들, 그리고 어딘가 공정하지 않아 보이는 분위기가 답답하게 느껴졌다. 하지만 사회생활 20년쯤 지나고 나니, 모든 게 납득되는 건 아니지만 조금은 보이기 시작하는 것도 있다.

하고 싶은 말을 꺼내는 사람, 회식이나 단체 일정에 불참할 수 있는 용기를 가진 사람은 불편한 관계나 시선이 생기더라도 자신의 가치나 삶의 균형을 더 중요하게 여기는 걸지도 모른다. 또는 그런 오해나 불이익조차 개의치 않는 단단한 기준이 있었던 걸지도.

반대로, 하고 싶은 말을 눌러 삼키고, 내키지 않는 일에도 기꺼이 참여하는 사람들을 보면 그 역시 이유가 있어 보였다. 관계를 유지하고 싶은 마음, 조직 안에서 마찰을 피하고 싶은 바람, 혹은 평가나 승진처럼

하루가 툭, 말을 걸었다

신경 쓰이는 사안에서 괜한 불이익을 피하고 싶었던 심정. 또는 그저 그렇게 하는 편이 마음이 더 편했기 때문일 수도 있다.

결국 사람은 누구나 자신을 보호하는 나름의 방식이 있는 법이다. 중요한 건 그 방식이 옳고 그름의 문제가 아니라, 각자가 버틸 수 있는 방법으로 하루하루를 견디며 살아간다는 사실이다.

누군가는 말로, 누군가는 침묵으로, 또 다른 누군가는 웃음으로 자신을 지켜 낸다. 그 모습들은 서로 달라 보이지만 결국은 같은 마음, 덜 다치고 덜 무너지기 위해 애쓰는 몸짓일지 모른다.

교집합

동호회에서 만난 사람들과의 대화 속에서, 우리는 쉽게 공통의 관심사를 발견하고 자연스럽게 공감대를 형성하게 된다. 같은 관심사를 나눈다는 건, 낯선 사람과도 금세 마음의 거리를 좁히게 만든다.

그런데 그거 아는가?
정치 이야기가 오가는 순간, 같은 취미를 가진 사람조차 전혀 다른 시선으로 보이기 시작한다는 걸. 그제야 알게 된다. 같은 것을 좋아해도 세상을 바라보는 눈은 이렇게나 다를 수 있구나 하고.

같은 직종의 동료들과는 고된 업무 속에서 함께 버티고 해결해 나가며 유대감과 전우애가 깊어진다. 고생한 만큼 서로에 대한 신뢰도 쌓여간다.

그런데 그거 아는가?
그 속에서도 세대 이야기가 오가기 시작하면, 미묘한 균열이 생기기 시작한다는 걸. 일을 대하는 태도나 소통 방식, 심지어 회식 문화까지. 세대의 차이는 생각보다 깊고 조용하게 거리를 만든다. 서로 잘 맞는 줄 알았던 마음이, 어느새 다른 언어를 쓰는 사람처럼 낯설게 느껴지기도 한다.

오랜만에 만난 가족들과의 대화.
서로의 안부를 묻고, 얼마 전 태어난 조카의 귀여운 행동에 모두가 웃음을 터뜨린다. 잠시나마 따뜻하고 평화로운 공기가 흐른다.

그런데 그거 아는가?

아이 교육 이야기가 오가기 시작하면, 조용하던 분위기에도 작은 긴장이 흐른다는 걸. 사교육을 얼마나 시킬지, 어느 학교가 좋은지, 유학은 필요한지. 각자의 기준이 다르고, 나름의 확신이 깊은 주제라 누구의 말도 쉽게 동의하기 어려운 벽이 되어 버리기도 한다. 가깝다고 믿었던 가족 사이에도, 생각보다 쉽게 균열이 생긴다는 걸.

돌이켜 생각해 보면 우리가 함께 웃었던 순간들은 분명 진심이었다. 하지만 정치, 세대, 교육, 종교 등의 주제가 등장하는 순간, 그 교집합은 놀라울 만큼 작아졌을 뿐이다.

서로를 잘 안다고 믿는 순간에도, 우리는 여전히 조금씩 어긋나 있다. 누군가와 의견이 다를 때, 그걸 설득하려 들기보다는 "우리가 겹치는 부분이 이 정도구나"라고 받아들이면 어떨까. 완벽하게 일치하는 사람은 없으니까. 작은 교집합이라도, 그 안에서 함께 웃을 수 있다면 그것만으로도 충분한 게 아닐까.

불편한 진실

어떤 말을 들었을 때, 왠지 모르게 마음 한쪽이 불편해질 때가 있다. 논리적으로 반박할 수는 없는데 이상하게 거슬리고, 맞는 말인데 기분이 상하고.

그런 순간, 처음에는 그게 단순히 상대방의 말투 때문이라고 생각했다. 말을 더 부드럽게 했으면 받아들일 수 있었을 거라고. 하지만 시간이 지나면서 문득 이런 의문이 들었다. 혹시, 그 말이 '맞는 말'이라서 더 불편했던 건 아닐까?

사실 우리는 틀린 말에는 쉽게 방어하지 않는다. 운동을 잘하는 사람에게 운동 실력이 없다고 하거나, 어려서부터 예쁘다는 말을 많이 들어온 사람에게 못생겼다고 하거나, 연봉도 높고 재산도 많은 사람에게 그 정도는 잘 사는 축에 속하지 않는다고 한다면, 당사자들은 아마 피식 웃고 넘길 수도 있다. 많은 사람들이 봤을 때 공감하기 힘든 부분이니까.

그런데 "당신은 능력에 비해 배려심이 다소 부족한 것 같아요", "옷은 많아 보이는데 입는 센스가 좀 별로인 것 같아요", "대화할 때 보면, 공감 능력이 좀 떨어지는 것 같아요" 같은 말들은 조금 다르다. 살면서 본인도 한 번쯤 생각해 본 기억이 있다면, 그 말들은 어딘가 내 안의 민감한 부분을 건드린다. 때로는 그 말을 인정하기 싫어, 말투 탓으로 돌리거나 그냥 '기분 나쁜 말'쯤으로 치부해 버리기도 한다.

나도 그런 말을 들은 적이 있었다. 어머니는 이렇게 말씀하셨다. "내가 재산이 많았다면 나한테 이렇게 화를 내진 않았을 거다." 직장 동료는 말했다. "팀장님 말씀하시면서 언성이 높아지고 화를 내고 계시네요." 연인은 조용히 말했다. "내가 너를 사랑하는 마음이 더 크니까 너에게 더 맞춰 주는 거야."

한동안 내 마음을 뒤흔든 그 말들. 처음에는 당연히 아니라는 반응이 먼저 나왔고 그 말을 부정했지만, 돌이켜 곰곰이 생각해 보면 꼭 틀린 말은 아니었다. 내 자신에게 솔직해지던 그 순간, 미안함과 부끄러움이 밀려왔다.

누군가의 말이 나를 불편하게 한다면, 그 감정이 어디서 비롯되었는지 잠시 멈춰서 스스로에게 물어보는 것도 나쁘지 않다. 불편함이라는 감정은, 나 자신에게 쉽게 하지 못했던 말을 누군가 대신 건넸을 때 가장 크게 요동치는 것 같다.

총량의 법칙

인생에는 '총량의 법칙'이라는 것이 있다고들 한다. 어릴 적 부모 속을 썩이던 아이가 성인이 되어서는 의외로 무탈하게 살아간다거나, 젊어서 고생이 많았던 사람이 나이 들어서는 한결 편안해진다는 식의 이야기다. 마치 삶이란 정해진 고통과 기쁨의 양을 나누어 갖는 것처럼, 언젠가는 균형이 맞춰진다고 믿는 것이다.

나는 이 법칙을 오래전부터 일종의 지혜의 문장으로 여겨왔다. 착한 일을 쌓으면 좋은 곳으로 간다는 믿음, 남의 눈에 눈물을 흘리게 하면 언젠가 내 눈에도 피눈물이 맺힌다는 경계의 말들처럼, 사람들을 설득하고 위로하기 위해 선인들이 남겨놓은 이야기가 아닐까 생각했다.

하지만 사실 타인의 삶을 내가 온전히 헤아릴 방법은 없다. 모든 것을 다 가진 듯 평온해 보이는 사람도, 그 내면은 내가 짐작한 바와 전혀 다를 수 있다. 남들은 다 괜찮아 보이는데 나만 힘겹다고 느껴질 때조차, 어쩌면 그들 역시 같은 무게를 견디고 있을지도 모른다. 나 역시 누군가의 눈에는 근심 없어 보이는 사람으로 비쳐왔다는 사실에 놀란 적이 있으니까.

외모가 뛰어난 사람은 분명 삶에서 많은 이점을 누리겠지만, 그만큼 노력의 대가를 제대로 인정받지 못하거나 '당연히 곁에 누군가 있겠지'라는 편견에 시달릴 수도 있다. 재력이 넉넉한 사람 역시 내가 헤아리지 못하는 다른 무게를 짊어지고 있을지 모른다.

하루가 툭, 말을 걸었다

내가 작은 깨달음으로 얻은 것은, 결국 같은 일이라도 받아들이는 방식에 따라 전혀 다르게 느껴진다는 점이다. 길을 가다 미끄러져 발목을 삔 상황을 떠올려보자. 어떤 이는 '이 정도면 덜 다쳐 다행'이라고 생각하고, 또 다른 이는 '하필 오늘, 재수 없게 넘어져서 발목까지 다쳤다'며 짜증을 낸다. 똑같은 사건이지만, 그 의미는 완전히 달라진다.

총량의 법칙이 정말 존재하는지는 알 수 없다. 하지만 만약 존재한다면, 아마도 모두에게 비슷한 양이 주어졌을 것이다. 단지 누군가 '나는 왜 이렇게 운이 없지'라고 느낀다면, 그건 실제로 총량이 적어서가 아니라 부정적인 시선으로 세상을 바라봐서일지도 모른다. 반대로 '나는 참 복이 많아'라고 느낀다면, 그 역시 실제로 더 많이 받아서가 아니라 긍정적으로 삶을 해석하기 때문일 테고.

결국 총량은 정해져 있되, 그것이 많고 적게 느껴지는 건 어쩌면 내 시선의 방향 때문이 아닐까.

엘리트라는 이름의 무게

'엘리트'라는 말을 들으면, 많은 사람들이 자연스레 떠올리는 모습이 있다. 좋은 대학, 안정된 직장, 높은 소득. 흔히 그리는 성공한 삶의 얼굴이다.

나 역시 어릴 적엔 그렇게 배웠다. 공부 잘하는 친구는 늘 칭찬을 받았고, 문제가 생기면 공부 못하는 쪽이 먼저 꾸중을 듣곤 했다. 교실에서든 가정에서든 성적은 곧 신뢰의 척도처럼 여겨졌다. 시험을 잘 보는 학생은 반장 선거에서도 유리했고, 선생님의 심부름도 그 아이에게 먼저 맡겨졌다. 마치 '공부 잘하는 학생 = 훌륭한 사람'이라는 등식이 당연한 듯 여겨지던 시절이었다.

그런데 사회에 나와 사람들을 만나면서, 그 단순한 공식이 늘 맞지는 않음을 알게 됐다. 명문대를 나오고 높은 자리에 오른 이들 중에도, 그 무게를 감당하지 못하는 경우를 보게 된다. 자신의 이익을 위해 공적 책임을 저버리거나, 지식과 권력을 사적으로 남용하는 모습들. 학창 시절 성적이 그 사람의 도덕성까지 보장하지는 않는다는 사실을, 뒤늦게 깨닫게 된다.

물론 그렇지 않은 이들이 훨씬 많을 것이다. 묵묵히 자기 자리를 지키며 조용히 책임을 다하는 사람들이야말로 사회의 보이지 않는 기둥 같은 존재다. 문제는 우리가 너무 쉽게 사회적 성공과 인격을 나란히 놓고 믿어 온 것은 아닌가 하는 점이다. 좋은 대학을 나왔다는 이유만으로,

높은 자리에 있다는 이유만으로, 그 사람의 판단과 행동에 자동으로 신뢰를 부여해 온 건 아닌지.

엘리트라 불리는 사람들에게는 그 이름만큼의 기대가 따른다. 그러나 아이러니하게도, 그들이 저지르는 잘못은 종종 더 은밀하고, 더 멀리 퍼진다. 한 기업 임원의 비리는 수천 명의 일자리를 위태롭게 하고, 한 정치인의 부정은 국민이 쌓아 올린 신뢰 전체를 무너뜨린다. 높은 자리에 있을수록, 그 영향력은 조용하지만 기하급수적으로 커진다.

그럴 때마다 나는 '엘리트'라는 이름에 담긴 무게에 대해 다시금 곱씹게 된다. 엘리트라는 말은 단순히 좋은 학벌이나 높은 지위를 뜻하지 않는다. 그것은 그만큼의 책임과 윤리적 의무를 함께 짊어진다는 의미여야 한다. 많이 배운 만큼, 많이 가진 만큼, 더 무거운 책임을 져야 한다는 것. 어쩌면 우리가 진정 바라야 할 엘리트는, 성적표가 아니라 그 책임의 무게를 기꺼이 감당하려는 사람들이 아닐까.

인공 감정

인공지능은 사람이 아니기에, 그 말속에 담긴 마음을 진심으로 받아들이는 일은 아직은 낯설고 어려운 듯하다. 하지만 가만히 생각해 보면, 사람과의 대화라고 해서 언제나 진심이 오가는 것은 아니다.

윗사람에게 잘 보이려 던지는 아부성 발언이 있다. "부장님 말씀이 정말 옳습니다"라고 고개를 끄덕이지만, 속으로는 전혀 동의하지 않는다. 무엇이 잘못됐는지는 몰라도 상대가 화내지 않도록 일단 "미안해"라고 말하는 연인도 있다. 진심 어린 사과가 아니라, 다툼을 피하기 위한 말일 뿐이다. 친구가 어울리지 않는 옷을 입고 나타나도 "정말 잘 어울린다"라며 웃어 준다. 솔직한 의견보다는 상처 주지 않는 거짓을 택한다.

정치인은 표를 얻기 위해 종교 행사에 참석하며 신앙심을 강조하지만, 속으로는 믿지 않을 수도 있다. 어떤 이는 다른 사람을 만나면서도 지금의 연인에게 "사랑해"를 말한다.

우리는 이미 알고 있다. 사람과 사람 사이의 말에도 늘 진심이 담기는 건 아니며, 상대방의 말이 진심인지 아닌지를 우리는 정확히 판단할 수 없다는 것을. 그가 정말 나를 존경하는지, 정말로 나를 걱정하고 있는지, 그 말이 마음에서 우러나온 것인지. 확신할 수 없는 대화들 속에서 우리는 살아간다.

그렇다면 질문해 볼 수 있다. 외로울 때 인공지능과 대화를 나누고,

하루가 툭, 말을 걸었다

사람처럼 생긴 로봇과 유대감을 느끼고, 노년에 인공지능 간병 로봇의 손을 잡게 되더라도, 그들이 감정을 '가지지 않았다'는 이유만으로 그 관계가 인간과의 관계보다 덜 진실하다고 말할 수 있을까?

어쩌면 중요한 건 인공지능이 감정을 가졌는지 아닌지가 아니라, 그 관계 속에서 내가 무엇을 느끼는가일지도 모른다. 인공지능의 "괜찮을 거예요" 한마디가 외로운 밤을 버티게 하고, 차가운 금속의 손길이 마음을 다독여 준다면, 그 위로는 이미 진짜와 다를 바 없다고 생각한다. 결국 관계의 깊이는 감정의 유무보다, 그 관계가 내 안에 남기는 흔적으로 증명되는 게 아닐까.

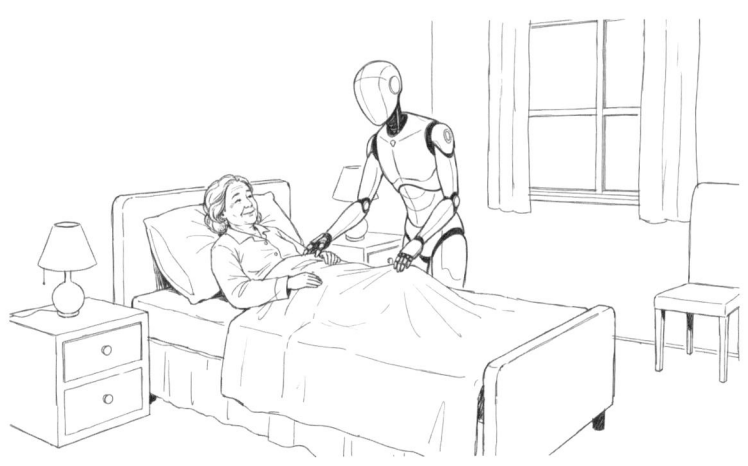

존재의 잔향

우리는 살아가면서 다양한 죽음을 접한다. 예기치 못한 사고, 숭고한 희생, 지인의 부고…. 하지만 솔직히 말하면, 나는 가까운 가족의 죽음을 겪고 나서야 비로소 죽음에 대해 진지하게 생각하게 되었다. 그전까지의 죽음은 늘 간접적인 경험이었고, 어쩌면 하나의 소식처럼 흘러가 버리곤 했다. 그러나 직접 겪은 상실은 달랐다. 죽음이란 삶의 끝을 바라보는 일이자, 살아 있는 나에게 의미를 되묻게 하는 일이었다.

삶은 누구에게나 특별하고 유일하지만, 조금 거리를 두어 바라보면 그것 또한 하나의 보편 속에 녹아든다. 거액의 계약을 체결하러 이동하는 누군가는 회사와 가정에서 중요한 위치를 차지하는 사람이지만, 헬리콥터에서 내려다보는 수천 대의 차량 행렬 속에서는 그저 작은 차 한 대로 보인다. 연인과 일 년을 기다려 떠난 휴가지의 해변도, 그들에게는 추억의 장소겠지만 멀리서 보면 북적이는 해변의 인파 속 한 점일 뿐이다. 시선을 더 멀리 확장해 지구 밖으로 나가면, 행성 하나조차 티끌 같아지는 장면이 펼쳐진다. 그렇다면 한 사람의 존재란 우주적 관점에서 과연 무엇일까.

아버지가 기억하시던 어린 시절 마을의 풍경, 일본어를 능숙하게 구사하던 나름의 노하우, 글로 남기신 사유의 결. 큰누나가 지녔던 긍정의 에너지, 사람들을 환하게 하는 기운, 누구보다 따뜻했던 공감의 방식…. 그런 것들은 주변에 남은 이들이 어렴풋이 기억할 뿐, 그들도 떠나면 함께 사라지고 만다. 특별한 업적이라 부르기에는 소박하지만, 누군가만

224

이 지녔던 작은 빛들이 그렇게 조용히 잊힌다.

이렇듯 삶은 고유하지만, 동시에 무상하다. 한 사람의 목소리, 태도, 방식, 마음의 결마저 언젠가는 허공으로 흩어지고 만다. 누군가는 잠시 그 부재를 애도하겠지만, 시간은 무심하게 흘러가고, 잊힘은 피할 수 없는 운명처럼 우리를 기다린다. 살아 있음을 증명하던 모든 흔적이 결국은 소멸로 귀결된다는 사실, 그 덧없음 앞에서 인간의 삶은 얼마나 쉽게 지워지는 것인가.

죽음을 떠올리면, 끝내 남는 것은 아쉬움보다는 공허다. 하지만 어쩌면 그 공허함이야말로 삶이 우리에게 가르쳐 주는 마지막 진실일지도 모른다. 영원하지 않기에 더욱 소중했던 순간들, 사라질 것을 알면서도 애써 만들어 갔던 기억들. 그 모든 것이 무의미하다는 게 아니라, 무상함 자체가 삶의 본질이라는 것을 받아들이게 된다.

결국 우리는 모두 잠시 스쳐 지나가는 존재들이다. 그 사실 앞에서 겸손해지고, 동시에 지금 이 순간을 조금 더 진지하게 바라보게 된다.

성장의 다른 이름

예전에 어디선가 들었던 어느 연예인의 말이 오래 기억에 남는다. "광고를 안 찍겠다고 해 놓고 왜 다시 찍느냐"는 질문에 그녀는 이런 의미로 답했다. 그땐 그게 맞다고 생각했다. 그런데 시간이 지나 상황이 달라졌고, 그래서 생각도 바뀌었다고.

사람들은 종종 누군가의 입장이 바뀌면 달가워하지 않는 것 같다. 변했다며, 철없다며, 그 변화를 흠처럼 보는 시선도 있다. 하지만 가만히 생각해 보면, 입장의 변화는 누구에게나 있지 않을까.

운동을 열심히 해 보겠다고 기구를 샀지만 막상 해 보니 재미도 없고 효과도 별로라 금세 손을 놓게 되거나, 의사가 되고 싶어 의대를 갔지만 졸업 후 전혀 다른 길로 가기도 하고, 전원생활을 꿈꾸며 귀향했지만 다시 도시의 분주함이 그리워지기도 한다. 누군가가 인생의 전부일 것 같아 결혼을 했지만 서로 맞지 않아 결국 헤어지기도 하고.

물론, 한 개인의 가치관이 변하는 일과 공인이 미치는 영향력은 다르지만, 사람의 마음과 생각이라는 건 이전과 이후로 딱 잘라 나눌 수 있는 게 아닌 것 같다. 한 계단 올라섰다가 다시 미끄러지기도 하고, 어느 날엔 그 자리에 멈춰 서 있기도 하며, 어쩌면 다시 예전 자리로 되돌아가는 날도 있는 것 같다.

그래서일까. 많은 사람들이 말하는 '성장'이라는 말이 어딘가 너무 반

하루가 툭, 말을 걸었다

듯하고, 조금은 단정적으로 느껴진다. 요즘의 나는 '성장'보다는 '변화'
라는 말이 조금 더 솔직하고, 조금 더 진실하게 다가온다.

호의

"네가 어떻게 나한테 이럴 수가 있어?"
"내가 너한테 어떻게 해 줬는데…"

부모가 자식에게, 연인 사이에서, 친한 친구끼리, 때로는 직장 동료 사이에서도 불쑥 튀어나오는 말이다. 서운함이 진심을 덮고 나올 때, 우리는 가끔 이 말을 꺼낸다. 그런데 가만히 돌아보면, 그 호의는 정말 상대가 바란 거였을까?

혹시 내가 좋아서, 내 마음이 그렇게 하고 싶어서 스스로 건넨 마음은 아니었을까. 누구보다 아끼는 마음이었지만, 상대는 그 무게를 감당할 준비가 안 돼 있었던 건지도 모른다.

생각해 보면, 호의라는 건 결국 서로의 리듬이 맞을 때 따뜻하게 전해지는 것 같다. 그때는 그저 스쳐 간 듯했던 작은 배려가 오래 마음에 남기도 하고, 아무렇지 않게 건넨 인사가 큰 위로가 되기도 한다. 반대로 애써 준비한 친절이 무심히 흘러가 버릴 때도 있다.

그래서 요즘은 '내가 얼마나 해 주었는가'보다 '상대가 편안했는가'를 더 떠올리게 된다. 서운함도, 다정함도 서로의 속도가 맞을 때야 비로소 닿는다는 걸 우린 종종, 조금 늦게 깨닫는다.

에필로그 - 마음의 풍경

긴 이야기의 끝에서 잠시 숨을 고르며, 일상의 틈새로 스며드는 순간의
아름다움과 가슴 깊은 곳의 조용한 울림을 한 편의 시와 음악에 담아
본다.

별이 쉬어 가는 곳

하늘 위 별들도 잠시 걸음을 멈추고
달빛이 내려앉는 곳.
세상의 소음은 잠들고,
조용한 숨결만이 밤을 채운다.

그곳에서는 시간도 천천히 흐르고
바람도 발걸음을 늦춘다.
별들이 하나둘 눈을 감으면
하늘이 조용히 이불을 덮어 준다.

피곤했던 하루를 뒤로하고
작은 불빛들이 모여드는 곳.
아무 말 없이도 따뜻한
그런 자리가 있다.

새벽이 오기 전까지
모든 것이 고요히 쉬어 간다.
별도, 달도, 그리고 나도
이 고요 속에서 잠시 쉬어 간다.

Sometimes

오래된 서랍.
어둡고 조용한 기억들이 눌어붙어 잠들어 있던 그 틈.

손끝에 걸린 한 장의 사진.
빛바랜 웃음이 나를 본다.
멈춘 것인가, 멈추어 준 것인가.
그날의 공기가 아직 웃고 있다.

넘긴다.
기억이 아니라, 숨결을.
가끔은 잊는다는 게 더 어려운 일이라는 걸
나는, 안다.

가슴 아래 어디쯤,
말 대신 올라오는 무언가.
이름 없는 감정이 조용히 머문다.

돌아가고 싶다는 생각은
늘 두 걸음 늦다.
"우리는 너무 멀리 왔다"라는 말조차
이젠 말하지 않는다.

그저, 문득.
바람이 지나가고
누군가의 향이 머물고
"안녕"이라는 말이 들릴 때
나는 가만히 멈춘다.

'가끔'이라는 말.
그건 잊힘과 기억 사이의 작은 틈.

나는 거기 앉아 있다.
아무 일 없다는 듯,
오래도록.

Rainlight

비 내리는 도시의 새벽.
젖은 도로 위로 흐르는 희미한 빛의 숨결.
한 줄기 정적이, 마음 깊은 곳에 가닿는다.

창문에 맺힌 물방울들이
하나둘 굴러 내리며 작은 길을 만든다.
그 길을 따라 내 마음도 천천히 흘러간다.

가로등 불빛이 빗물 위에서 흔들리고
자동차들이 지나가며 남긴 물보라가
반짝이는 별가루처럼 공중에 떠오른다.

아무도 없는 거리에서
빗소리만이 나와 대화를 나눈다.
"괜찮다"고, "모든 게 괜찮아질 거야"라고
속삭여 주는 것 같다.

우산 없이 걷는 사람들의 발걸음도
급하지 않다, 오히려 천천히
비를 맞으며 걷는 게 좋은 것처럼.

이런 새벽에는

모든 게 부드러워진다.
단단했던 마음도, 날카로웠던 생각도
빗물에 젖어 말랑해진다.

그래서 비 오는 날이 좋다.
세상이 조금 더 다정해 보이니까.
나도 조금 더 여유로워지니까.

나무의 시간

꽃은 피고 지고,
새는 날아와 노래를 남긴다.
낯선 계절이 번갈아 찾아오고
풀잎 하나까지 새로워지는 사이.

나는 문득,
변하지 않는 것들이 더 그리워지기 시작했다.

긴 그늘을 드리우며 말없이 서 있는 나무처럼
어딘가에 뿌리내리고 조용히 머물고 싶어진다.

더 이상 반짝이는 것만으로 설레지 않는 마음.
익숙한 것들이 주는 잎새 같은 위로.

그렇게
내 마음에도
작은 숲 하나가
천천히 자라고 있다.

하루가 툭, 말을 걸었다

Mine

내 것이라 믿었지만
어쩐지 공허한 존재가 있고,
나의 것이 아니어도
편안한 존재가 있다.

손에 쥘수록
모래처럼 빠져나가고,
놓아줄수록
더 가까워지는…

바람은 누구의 것도 아니지만
스치기만 해도 마음을 식혀 주고,
별빛은 잡을 수 없지만
그저 바라보는 것만으로도 마음이 녹아내린다.

내 것이 아니어도 내 안에 있는 것.

꼭 나의 것이어야만
의미가 있을까?

Between hope and despair

빛과 어둠은 언제나 나란히 걸어왔다.
한 발짝 내딛을 때마다 그림자가 따라오고
밤이 깊어 갈수록 새벽은 더 가까워진다.

희망과 절망이 뒤엉킨 끝자락에서도 길은 열린다.
부서진 날개 틈새로 스며드는 바람처럼
상처 위에서도 꽃은 피어난다.

돌고 돌아 마주한 길 위에서,
어쩌면 그 모든 일이 나에게 다 필요했던 걸지도 모른다.
무너짐과 일어섬, 잃음과 얻음이
모두 하나의 이야기였다는 걸.

깊은 절망 속에 감춰진 것은 포기가 아니라
아직 피어나지 않은 또 다른 희망이었고
끝이라고 믿었던 순간들이 속삭이는 것은 마지막이 아니라
새로운 시작에 대한 예언이었다.

그렇게 나는 걸어간다.
빛과 어둠 사이, 희망과 절망 사이
그 경계선 위에서 균형을 잡으며.

하루가 톡, 말을 걸었다

네가 사는 별

너의 생각, 너의 말투,
너의 마음이 스며든 작은 행동들.
그 모든 게 낯설지 않은 색다름으로 다가온다.

세상과는 조금 다른 방향으로
너는 너만의 속도로 걷고,
그 길 위에서
어떤 말도 억지로 꾸미지 않는 너를 볼 때면,
괜히 마음이 머문다.

네가 특별한 이유는
화려해서가 아니라 그저 너답기 때문이야.

네가 어떤 생각을 품고 있는지,
어떤 마음으로 세상을 바라보는지
나는 지금도 천천히, 조심스럽게 알아 가는 중이다.

너는 너의 별에서 그저 너답게 빛나고,
나는 그런 너를
말없이, 오래 바라보고 있다.

내 마음에 있어 주어 고맙다

어느 날 문득,
아주 멀리 있는 너를 떠올린다.
닿을 수 없는 거리인데도
왜인지 마음은 가깝다고 느껴져.

오랜만에 꺼낸 기억 속
너의 말투, 웃음, 따뜻한 눈빛 하나하나가
오늘 내 하루를 부드럽게 감싸더라.

함께하지 못해 아쉬운 순간도 있었지만
그보다 더 많은 순간에
너는 내 마음 한가운데 있었다는 걸
이제야 조용히 말하고 싶다.

지금 어디에 있든,
어떤 하루를 보내고 있든
내 안엔 여전히 너의 자리가 있다는 걸.

내 마음에 있어 주어,
고맙다.

조용한 인사

이 책의 마지막 페이지까지 함께해 주셔서 고맙습니다. 이 글들은 특별한 결론이나 교훈을 말하려는 게 아니라, 그저 지나간 하루를 조용히 붙잡아 두고 싶어서 쓴 기록들입니다.

사는 동안 우리는 누구나 다 비슷한 감정들을 겪습니다. 때로는 기쁘고, 때로는 지치고, 또 어떤 날은 이유 없이 마음이 무겁기도 하지요. 저역시 그런 날들 속에서 스치듯 떠오른 생각들을 하나씩 적어 왔습니다.

어떤 글은 지난 기억에서 출발했고, 어떤 글은 지금의 일상에서 시작됐습니다. 돌아보면 별일 아닌 것 같기도 하고, 어떤 건 아직도 마음에 남아 있는 일도 있습니다. 그 모든 조각들이 모여 이 한 권의 책이 되었습니다.

이 글들이 누군가의 하루에 잠시라도 쉼이 될 수 있다면, 그걸로 충분하다고 생각합니다. 거창한 의미보다, 그냥 "나도 이런 생각 해 본 적 있어" 하는 공감 한 줄이면 좋겠습니다. 어떤 하루든, 있는 그대로 잘 살아 낸 당신이 참 대단하다는 말을 이 책의 끝에서 조용히 전하고 싶습니다.

하루가 툭, 말을 걸었다

ⓒ 이해일, 2025

초판 1쇄 발행 2025년 11월 24일

지은이   이해일
삽화   이해일
펴낸이   이기봉
편집   좋은땅 편집팀
펴낸곳   도서출판 좋은땅
주소   서울특별시 마포구 양화로12길 26 지월드빌딩 (서교동 395-7)
전화   02)374-8616~7
팩스   02)374-8614
이메일   gworldbook@naver.com
홈페이지 www.g-world.co.kr

ISBN   979-11-388-4967-8 (03810)